すぐに▼役立つ

◆入門図解◆
最新 交通事故の法律と
トラブル解決マニュアル

弁護士 **木島 康雄** 監修

三修社

本書に関するお問い合わせについて

　本書の記述の正誤、内容に関するお問い合わせは、お手数ですが、小社あてに郵便・ファックス・メールでお願いします。お電話でのお問い合わせはお受けしておりません。内容によっては、ご質問をお受けしてから回答をご送付するまでに１週間から２週間程度を要する場合があります。

　なお、本書でとりあげていない事項や個別の案件についてのご相談、監修者紹介の可否については回答をさせていただくことができません。あらかじめご了承ください。

# はじめに

　警察庁の「平成29年中の交通死亡事故の発生状況及び道路交通法違反取締り状況等について」によると、平成29年中に発生した交通事故発生件数は47万2165件で、交通事故による死者数は3694人に上ります。近年は交通事故発生件数・死者数ともに減少傾向にありますが、それでも依然として身近なトラブルといえます。交通事故の被害者になってしまうと、治療費などの費用がかかります。特に、後遺症が残る場合などには生活が一変し、思うように働くことができず、生活に必要な収入を得ることが困難になるかもしれません。

　また、交通事故の加害者になるリスクを誰もがかかえています。そのような場合にも、交通事故をめぐる法律に関する知識を正確に理解しておくことで、冷静に対応することができます。

　本書は、交通事故の当事者になってしまった場合の、法的解決方法に関する入門書です。民事上・刑事上・行政上という３つの責任が関係するため、複雑な交通事故をめぐる法律について、68のケースを挙げて基本知識を説明しています。

　主に損害賠償については、算定基準、請求権者・賠償義務者、傷害・死亡と物損の場合それぞれの特徴などを取り上げました。また、保険制度についても、強制加入である自賠責保険と任意保険のしくみや請求方法を記載するとともに、健康保険や労災保険などが活用可能であることにも言及しています。この他、示談交渉におけるポイントや過失相殺、自動車やそれ以外の高速道路上の事故や自転車事故などの詳細な場面を想定して、具体的な過失割合の算定方法を示しています。

　なお、2020年４月施行予定の改正民法の他、刑事上の責任について、自動車運転過失致死行為処罰法の内容もフォローしています。

　本書が交通事故をめぐる問題解決に、お役立て頂ければ幸いです。

監修者　弁護士　木島　康雄

# 目　次

はじめに

## 第1章　交通事故が発生したらどうする

1 交通事故の発生によりどのような問題が発生するのか　　　10

2 交通事故が発生したときにはどのように対応すればよいのか　　　12

　　相談1　警察の事故証明がない場合と保険金請求　　　15

Column　どのようにして刑罰が決められるのか　　　16

## 第2章　損害賠償の基礎知識

1 損害賠償とはどんなものか知っておこう　　　18

　　相談2　事故と被害者の死亡との因果関係が不明な場合　　　20

　　相談3　ケガをさせた相手が事前に損害賠償請求権を放棄していた場合　　　21

2 損害の中身を知っておこう　　　22

3 損害賠償額算定の基準について知っておこう　　　25

4 損害賠償を請求できるのは誰か　　　28

5 損害賠償責任は誰にあるのか　　　30

　　相談4　内縁の夫や妻　　　33

　　相談5　交通事故と弁護士費用等　　　33

　　相談6　下請会社の従業員が事故を起こした場合、元請会社に責任はあるのか　　　34

6 運行供用者にあたるのは誰か　　　35

　　相談7　運転代行者が事故を起こした場合の損害賠償請求　　　37

　　相談8　親元を離れた大学生が加害者の場合はどうする　　　37

　　相談9　違法駐車の車を避けようとして事故を起こした場合はどうする　　　38

　　相談10　自動車の名義を貸した者の責任はどうなる　　　39

　　相談11　社員個人の車を営業で使っていて事故を起こした場合　　　40

　　相談12　従業員でない者が起こした事故について会社は責任を負うのか　　　41

7 損害賠償請求権が時効消滅する場合　　　42

8 損益相殺など損害賠償額に影響を与える場合　　　44

Column 高齢者の引き起こす交通事故 46

## 第3章 傷害・死亡・物損事故の損害賠償額の算定方法

1 傷害事故の積極損害とはどんな場合か 48

相談13 治療をした担当医への謝礼を損害賠償で請求できるか 50

相談14 先進医療や東洋医学の治療を受けた場合も治療費として認められるのか 51

2 休業損害の出し方を知っておこう 52

相談15 交通事故で入院・通院した場合の損害賠償額を知りたい 54

相談16 会社の取締役の休業損害はどのように判断するのか 54

相談17 自営業者の休業損害について注意しなければならないこととは 55

相談18 休業損害と税金 56

3 傷害事故についての慰謝料の出し方はどうなっているのか 57

4 後遺症の場合の損害賠償請求はどうする 60

相談19 恐怖心で車に乗れなくなった場合、損害賠償請求できるのか 71

相談20 交通事故で寝たきりの植物状態になった場合、どのような請求ができるのか 71

相談21 男性と女性で後遺障害の程度が異なることはあるのか 72

相談22 認知障害や人格の変化等の障害が残った場合 73

5 死亡事故の場合の損害賠償額の支払基準を知っておこう 74

相談23 交通事故と医療ミスが重なった場合 79

相談24 子どもの学業成績は、逸失利益の金額に影響を与えるのか 80

6 死亡慰謝料はどのようにして算定するのか 81

相談25 夫が交通事故で死亡したので賠償請求をしたい 83

7 物損事故とはどんな場合か 84

8 物件損害はどこまで賠償されるのか 86

相談26 交通事故で壊れた車の買替費用を請求できるのか 90

## 第4章 示談交渉と保険金請求

1 示談とは何かを知っておく 92

**2 加害者としての示談交渉はどうする**　　96

　　**相談27** 被害者が意識不明の重体で加害者と直接交渉できない場合　　98

**3 困ったときには相談機関からアドバイスを受ける**　　99

　　**相談28** 保険会社の提示する賠償金額に納得できない場合　　103

**4 示談交渉を始めるにはタイミングも重要**　　104

**5 示談交渉前にはどんな書類を集めておいたらよいか**　　106

**6 示談書の上手な作成のしかた**　　108

　　**書式** 死亡事故の示談書　　112

　　**書式** 傷害事故の示談書　　113

　　**書式** 物損事故の示談書　　114

**7 示談を公正証書にしておくと強制執行ができる**　　115

**8 事実関係の確認にはまず内容証明郵便を出す**　　117

**9 裁判所を利用してトラブルを解決する**　　119

　　**相談29** 示談交渉が長引き賠償金が支払われない場合　　122

**10示談成立後の保険金請求の手続き**　　123

　　**相談30** 示談成立後に後遺症が出たらどうする　　125

　　**相談31** 示談成立後に加害者が死亡した場合　　126

## 第5章　自賠責保険と任意保険のしくみ

**1 自賠責保険とはどのような保険なのか**　　128

**2 健康保険を上手に活用しよう**　　131

**3 労災保険を活用しよう**　　133

**4 自賠責保険の請求方法を知っておこう**　　135

　　**相談32** 加害者が保険金を受け取って行方不明になった場合　　139

　　**相談33** 相続を放棄したが死亡保険金は受け取れるのか　　139

　　**相談34** 後遺障害等級の認定が労災と自賠責とで異なる場合　　140

　　**相談35** 被害者に代わって病院が直接保険金を請求できるのか　　141

**5 自賠責保険が利用できない場合について知っておく**　　142

| 相談36 | 事故を起こした車に同乗していた妻から賠償請求された | 144 |
| 相談37 | 未成年者が盗んで運転する車にはねられた場合 | 144 |
| 相談38 | 飲酒運転による事故でも保険金を請求できるのか | 145 |
| 相談39 | 知人に自分の車を運転させたら人身事故を起こした | 146 |
| 相談40 | 加害者が逃走しているときにはどうすればよいのか | 147 |

## 6 強制保険の請求に必要な書類について知っておこう　　149

| 書式 | 自動車損害賠償責任保険支払請求書 | 151 |
| 書式 | 交通事故証明書 | 152 |
| 書式 | 事故発生状況報告書 | 153 |

## 7 任意保険のしくみを知っておく　　154

| 参考 | 任意保険請求に必要な書類一式 | 158 |
| 相談41 | 自損事故を起こしたが保険金はどうなる | 159 |
| 相談42 | 運転者が搭乗者傷害保険に加入していた場合 | 160 |

## 第6章　ケース別　過失相殺と過失割合

## 1 過失相殺について知っておこう　　162

| 相談43 | 労災保険が支給される場合の過失相殺の方法 | 165 |
| 相談44 | 自賠責保険と任意保険で過失相殺のしかたに違いがあるのか | 166 |

## 2 過失割合はどのように決められるのか　　167

| 相談45 | 人損と物損で過失割合に違いがあるのか | 170 |

## 3 歩行者 vs 車の事故での過失割合はどうなるのか　　171

| 相談46 | 路上で遊ぶ子供をバックでひいてしまった場合 | 176 |
| 相談47 | 突然飛び出してきた泥酔者をひいた場合 | 177 |

## 4 車同士の事故では過失割合はどうなるのか　　178

| 相談48 | 交差点を右折するダンプカーが直進車と衝突した場合 | 185 |
| 相談49 | 黄色信号無視と赤信号無視の車が交差点で衝突した場合 | 186 |

## 5 バイク vs 車の事故と過失割合　　187

## 6 自転車 vs 車の事故と過失割合　　191

## 7 高速道路上の事故と過失割合　　193

| | 相談50 | 高速道路で停車中にバイクに衝突された場合 | 196 |

**8 自転車 vs 人の事故と過失相殺について知っておこう** 197

## 第7章　自転車の交通ルールと賠償・保険制度のしくみ

**1 自転車事故とはどのようなものか** 200

**2 自転車の交通ルールについて知っておこう** 203
- 相談51　自転車事故によるケガの損害賠償請求をしたい 207
- 相談52　子どもの自転車事故で親の責任が問われるのか 208
- 相談53　従業員の自転車事故で会社の責任が問われるのか 209

**3 自転車事故に備える保険制度について知っておこう** 210
- 相談54　TSマークとはどのような制度なのか 212

## 第8章　事故を起こした場合の刑事・行政責任の取り方

**1 交通事故の責任について知っておこう** 214

**2 交通犯罪についての刑事手続きを知っておこう** 217
- 相談55　過失運転致死傷罪が成立する場合 219
- 相談56　危険運転致死傷罪が成立する場合 221
- 相談57　てんかんなど意識障害を伴う持病と自動車運転 223
- 相談58　飲酒運転と自動車運転死傷行為処罰法 225
- 相談59　飲酒運転はどのように処罰されるのか 227

**3 交通事故と行政上の責任について知っておこう** 229
- 相談60　道路交通法違反で刑罰に科せられる場合 232
- 相談61　交通違反で懲役刑になる場合もあるのか 234
- 相談62　道路標識の見えない場所で交通違反をした 235
- 相談63　軽微な交通事故でも逮捕される場合があるのか 236
- 相談64　あおり運転行為への対策 237
- 相談65　反則行為の内容と反則金の額に不服がある 238
- 相談66　反則金の納付だけではすまされない場合とは 239

# 第1章

# 交通事故が発生したら
# どうする

# 1 交通事故の発生によりどのような問題が発生するのか

民事、刑事、行政上の問題が発生する

## どのような問題が発生するのか

平成29年警察白書の統計資料によると、平成28年中の交通事故による死亡者は3904人、負傷者は約61万9000人となっています。交通事故の件数や死傷者数は減少傾向にありますが、悪質な飲酒・ひき逃げ事故や凄惨な交通事故は報道で大々的に取り上げられることもあります。

交通事故は、大きく人身事故と物損事故に分けることができます。**人身事故**とは、文字通り人の身体に危害が及ぶ事故で、死亡事故と傷害事故があります。**物損事故**とは、自動車同士の破損のように、物に危害が及ぶ事故です。1つの事故で人身事故と物損事故の両方が問題になる場合もあります。

交通事故が発生すると加害者には、①行政処分、②刑事責任、③損害賠償責任（民事責任）の3つの異なる性質の責任が発生する可能性があります。被害者に対して損害を賠償するのが**民事責任**です。死亡事故や傷害事故の場合には民事責任だけでは

なく、**刑事責任**（懲役、禁錮、罰金など）や**行政上の責任**（道路交通法による反則金、免許の停止・取消しなど）が発生します。

## 被害者に対する民事上の責任

交通事故が起きた場合に最も重要となるのは、被害者の保護をどのように図るかということです。被害者の受けた損害を直接カバーするのは加害者による損害賠償と保険制度です。これらについて定めている法律が、**民法**（特に不法行為についての規定）と**自動車損害賠償保障法（自賠法）**です。自賠法とは、自動車の所有者であれば必ず加入しなければならない自動車損害賠償責任保険（自賠責保険）について定めた法律です。民法も自賠法も、発生した損害を金銭で賠償して被害者を保護しようという趣旨に基づいています。

人身事故であろうと物損事故であろうと民法上の不法行為（19ページ）にあたる可能性が高いので、まずは民法による事故の解決を検討するこ

とになります。

ただ、人身事故の場合、自賠法が民法に優先して適用されます。つまり、自賠法がまず適用されて、そこに規定がない事項が問題となった場合や、自賠法の適用がない場合にはじめて、民法が適用されることになります。

一方、物損事故の場合には、自賠法の適用がありません。民法の不法行為の規定によって解決することになります。

### 自動車運転死傷行為処罰法の制定

交通事故に対しては、刑事責任が問われたり、行政処分が課されることもあります。

交通事故による刑事責任については、以前は刑法と道路交通法により規定されていました。ところが、刑法の危険運転致死傷罪は適用が難しく、悪質な運転事故であっても比較的軽い刑罰しか科されないことなどが問題となり、平成25年11月に法体系の見直しが行われました。現在では、新たに成立した「自動車の運転により人を死傷させる行為等の処罰に関する法律」**自動車運転死傷行為処罰法**と道路交通法により刑事責任が科されています。また、比較的軽微な交通違反に対しては、道路交通法によって反則金の納付や免許の停止・取消しなど、行政上の制裁が加えられています。反則金の納付や免許の停止・取消しはあくまでも行政上の制裁ですから、刑事責任（刑罰）とは性質がまったく異なります。反則金を払うことになっても、前科はつきません。

## こうした法律で解決される

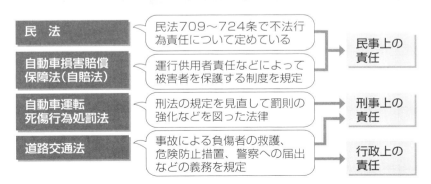

# 2 交通事故が発生したときには どのように対応すればよいのか

道路交通法の義務に反すると懲役または罰金が科せられる

## 交通事故にあったら

今日の車社会では、誰がいつ交通事故の被害者になっても不思議ではありません。突然、交通事故の被害に遭ったとき、被害者はどのように対応すればよいのでしょう。

まず、事故に遭った被害者がしなければならないことは、加害者の住所や氏名を聞きだすことです。その後の連絡がスムーズにできるように、自宅や勤務先の電話番号も聞いておきます。その際、運転免許証や身分証明書、車検証などを見せてもらい、ウソ（偽り）がないかを確認しましょう。さらに、自賠責保険証書、任意自動車保険証書なども確認し、内容をメモしておくとよいでしょう。万が一、加害者が損害賠償に応じない場合には、被害者が直接、加害者の加入する保険会社から、支払いを受けることもできるからです。

また、道路交通法上の緊急措置義務や事故報告義務（14ページ）は、加害者だけでなく被害者にも課されています。事故の程度が軽いからといって報告義務を怠る人もいますが、報告は法律上の義務であり、保険金の支払いを受けるための条件となっています。なぜなら、保険金を請求するときは警察による「交通事故証明書」が必要となりますが、事故報告をしていないと、交通事故証明書の交付を受けることができないからです。必ず警察に事故発生後直ちに報告するようにしましょう。

## 交通事故解決までの流れ

交通事故が起きた場合に当事者がすべきことは、①二次災害防止のための処置、②警察署への事故報告、③被害者（加害者）の連絡先の確認です。また、任意保険に加入していれば、④保険会社に報告をします。

その後、人身事故の被害者であれば、通常は治療やリハビリの必要がなくなった時点で、加害者（または保険会社）に損害賠償を請求します。

もし当事者間で示談がまとまれば示談書を作成し、それに基づき加害者は被害者に示談金を支払います。

12

## 緊急措置義務と事故報告義務がある

　交通事故を起こした（または起こされた）場合、運転者はすぐに車を停めて、負傷者を救護しなければなりません。負傷者に対する主な救護活動としては、事故現場での応急措置の他、119番通報や病院への搬送などがあります。また、事故現場で第2、第3の事故（二次災害）が発生しないように、後続車の誘導などをすることも必要です。

　このように、事故現場で負傷者を救護し、被害の拡大を防がなければならない義務のことを**緊急措置義務**といいます。運転者が負傷者の救護を怠って緊急措置義務に違反したときは、人身事故の場合には10年以下の懲役または100万円以下の罰金に処せられ、物損事故の場合には1年

## 交通事故の民事解決の一般的な流れ

**事故発生**

**事故直後の措置**
・緊急措置　・警察への報告　・事故の相手の確認

**保険会社への連絡**
事故を保険会社に連絡する。人身事故では60日以内に連絡しなければ保険金が支払われないことがある

示談代行付き保険の場合

**示 談 交 渉**
被害者の損害額を計算し、示談交渉を進める。当事者同士の交渉が難航しそうな場合は、各種紛争処理機関を利用するとよい

示談不成立

**調停あるいは裁判**
調停や裁判は、示談交渉なしでもすることができる。一般的には、示談が不成立の場合に調停をし、それも成立しないときに裁判になる

示談成立

**示談書の作成**

**トラブル解決**

調停調書の作成

和解・判決

以下の懲役または10万円以下の罰金に処せられます。

さらに、運転者は、交通事故が発生した日時・場所、被害の内容・程度、事故現場で講じた措置などを、直ちに現場の警察官（あるいは最寄りの警察署の警察官）に報告する義務（**事故報告義務**）があります。運転者が事故報告義務を怠ったときは、3か月以下の懲役または5万円以下の罰金に処せられます。

なお、前述の緊急措置義務と事故報告義務は、加害者側の運転者だけでなく、被害者側の運転者にも課されていることに注意が必要です。

## 保険金の請求には事故証明が必要

自動車保険には、強制保険と任意保険があります。**強制保険**は自動車損害賠償責任保険（自賠責保険）ともいい、強制保険に加入していない車は公道を走ることができません。

ただ、強制保険は被害者保護のための最低限の補償しかありません。強制保険でまかなえない部分を補うのが任意保険です。強制保険・任意保険のどちらを請求する場合であっても「交通事故証明書（事故証明書）」「事故発生状況報告書」などの書類の提出が必要になります。

## 任意保険に加入している場合

保険契約の詳細な内容は、約款に記載されています。約款とは、多数の取引を画一的に処理するために、あらかじめ契約内容を定型化したものです。保険約款では、保険契約者または被保険者に対し、事故発生を知った後、すみやかに通知することを義務付けているのが通常です。

事故について最初に保険会社に連絡する際は電話でもかまいませんが、その後、書面で詳細を通知する必要があります。書面での通知には、事故発生の日時・場所、被害状況、被害者の住所・氏名（または名称）、事故について証人がいる場合はその者の住所・氏名（または名称）、損害賠償の請求を受けた場合はその内容を記載します。通知を怠ると保険金が支払われない場合もあります。人身事故の場合、事故発生日の翌日から起算して60日以内に通知がなされなければ、原則として保険金を受け取ることができなくなります。

基本的には加害者の保険会社が積極損害・逸失利益・慰謝料といった賠償額を見積もってきます。被害者は必要書類を準備した上で、この金額を基に示談交渉をします。

## 相談1 警察の事故証明がない場合と保険金請求

**Case** 保険会社に「警察の発行する事故証明がなければ、保険金の支払いには応じられません」と言われました。警察の事故証明（交通事故証明書）がなければ、請求できないのでしょうか。

**回答** 当然のことながら、交通事故があってはじめて、保険が適用されて、保険金が支払われます。そこで、保険会社としては、実際に交通事故があったことを確認してから、保険金を支払うことになります。そして確認方法について、保険会社は保険金の詐取を警戒して、交通事故が実在した確かな証拠として警察の発行する「交通事故証明書」を要求しています。交通事故証明書は自動車安全運転センターで入手できます。もっとも、警察への事故報告をしていないと、交通事故証明書が発行されず、その後の手続きに遅れが出てしまいますので、気をつけましょう。なお、保険金の請求にあたっては、交通事故証明書の他に、必要な書類として「事故発生状況報告書」という書類の提出が要求されることもあります。事故発生状況報告書は保険会社から入手することができます。

では、事故証明がないと絶対に保険金は請求できないのでしょうか。たしかに、道路交通法上、交通事故を起こした運転者には、事故の報告義務が課されています。しかし、それは行政の問題であって、保険の問題とは別です。保険会社としては、本当に交通事故があったことが確認できればよいのです。難しいとは思いますが、目撃者の証言などによって、保険会社に対して事故を証明するように努力してみてください。

なお、保険金を請求する際の必要書類である交通事故証明書を添付できない場合、「事故証明入手不能理由書」という書類の添付を求められることがあります。この書類は「交通事故直後にケガ等がないと判断した」というような正当な理由がある場合に作成するものです。当然、その事実関係については保険会社による調査が行われますが、事故の事実があったと判断されれば保険金の支払いを受けることができます。

# Column

## どのようにして刑罰が決められるのか

　刑法9条は、刑罰として「死刑・懲役・禁錮・罰金・拘留・科料・没収」を定めています。犯罪の性質、被告人の性格・前歴などから、刑罰を直ちに行わず、様子を見て改善を図るという執行猶予の制度があります。特に懲役刑や禁錮刑は刑務所への収監を伴うため、執行猶予がつくかどうかが被告人・弁護人の大きな関心事です。裁判官は、過去の類似事件の判例を参考に、さまざまな事情を考慮して刑罰を決定します。

　交通事件は、比較的軽微に扱われてきたという批判を受けて、近年では法改正のたびに厳罰化される傾向があります。たとえば、現行の過失運転致死傷罪は、自動車を運転する際に必要な注意を怠り、人を死傷させた加害者に対し「7年以下の懲役もしくは禁錮または100万円以下の罰金」を科すると規定しています。一般的な過失犯の処罰規定である、刑法上の業務上過失致死傷罪の刑罰は「5年以下の懲役もしくは禁錮または100万円以下の罰金」であるため、運転中の過失犯が一般的な過失犯よりも責任が重いと判断されていることがわかります。無免許・飲酒・薬物の影響が原因である重大事故またはひき逃げ事故などのように、運転行為の危険性と事故の重大性の相関関係から判断して悪質性が高いケースについては、危険運転致死傷罪が適用され、人を負傷させた場合は15年以下の懲役、人を死亡させた場合は1年以上の有期懲役と規定されています。また、道路交通法においても、信号機や道路標識等を移転、損壊した場合はもちろん、運転者に対して酒類を提供した人や、飲酒運転をする自動車の同乗者に対する懲役刑・罰金刑が規定されています。

　なお、被害者との示談の成否も刑を決める際の重要な判断材料です。被害者との間で示談が成立している場合には、刑罰を決定する裁判官の心証を良くする方向に働くことがあります。

# 第2章

# 損害賠償の基礎知識

# 1 損害賠償とはどんなものか知っておこう

損害を埋め合わせて被害者を保護するのが目的

## 賠償請求するには

日常生活の中で交通事故に遭う危険性は十分にあります。ある人が運転する車が他人をはねてケガをさせてしまった場合のように、他人に損害を与えたときに、金銭の支払いによって償う方法が**損害賠償**です。ただ、損害が発生したからといって、必ず賠償請求ができるとは限りません。賠償責任が生じるには一定の要件が必要とされています。損害賠償制度の目的は、発生した損害を加害者にも公平に負担させるということであり、以下の特徴があります。

① **直接の加害者以外の者が賠償請求を受けることもある**

損害賠償の制度は、直接の加害者に対して懲罰を加えることではなく、被害者の損害を補てん（埋め合わせ）することを目的としています。そのために、直接の加害者ではない人にも賠償責任を負わせることによって、より確実に損害の回復を図る場合もあります。

② **賠償請求は因果関係の範囲で行う**

加害者に賠償請求をするにあたっては、被害者が被った損害のすべてを交通事故による損害として主張できるわけではありません。

生じた結果（損害）には、必ず原因があるはずです。この原因と結果の関係のことを**因果関係**といいますが、因果関係は、無限に拡大していく可能性があります。そこで、補てんすべき損害の範囲に一定の基準を設けました。つまり、加害者の行為と「相当な因果関係（**相当因果関係**）のある範囲」で損害賠償すればよいという基準です。因果関係に基準を設けておかないと、損害賠償の趣旨である公平な損害の負担が確保できなくなるおそれがあるからです。ただ、相当因果関係の判断はかなり緩やかですから、因果関係がないとされることは少ないでしょう。

③ **精神的損害の賠償も請求できる**

損害賠償で補てんされるのは、財産的な損害だけではありません。悲しみや恐怖、痛みや恥辱などによって生じる精神的な苦痛や損害につい

ても金銭で評価され、慰謝料という形で補てんされます。

#### ④ 過失相殺や損益相殺もある

損害賠償制度は、事故当事者の損失の公平な負担を目的としますから、賠償の対象となる損害の発生または拡大について、被害者側にも過失（責任）がある場合には、過失の程度に応じて賠償額を調整することができます。これを**過失相殺**といいます。また、被害を受けることで、かえって被害者が過大な利益を得るようなことのないように調整しています。これを**損益相殺**といいます。

## 不法行為とは何か

交通事故による損害賠償責任を発生させる法律上の原因は、主に不法行為です。**不法行為**とは、（故意または過失による）違法な行為によって相手方の権利や利益を侵害する行為のことです。

不法行為には、一般的な不法行為と特殊な不法行為の2種類があります。不法行為については、加害者本人に責任があり、加害者以外の者は責任を負わないのが原則です。また、加害者に故意（わざと）または過失（不注意）があったことを、被害者側が証明しなければなりません。証明できないと訴訟上不利益を受けます。

故意または過失の立証は困難な場合が多く、その立証責任を負う被害者は訴訟上、非常に不利な立場にあるといえます。そのため、被害者を保護する目的で、一定の場合には加害者側で故意・過失のなかったことを証明しない限り責任を免れないとされている場合もあります。

**不法行為を理由とする損害賠償**

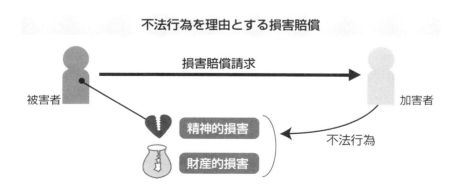

## 相談2 事故と被害者の死亡との因果関係が不明な場合

**Case** 持病で病院に通っていた祖母が病院に行く途中に交通事故に遭いました。症状が軽かったので、特に心配していなかったのですが、それから2か月後、祖母は急性心不全で亡くなりました。私としては、祖母は事故の後遺症で亡くなったと思っていますが、医学的にも、事故と祖母の死に因果関係があるとは言い切れないとのことです。このような場合に事故の加害者に損害賠償を請求することはできますか。

**回答** 加害者が損害賠償責任を問われるのは、自分の起こした事故と因果関係のある結果についてだけです。また、因果関係が認められるのは、その事故から通常生じる損害の範囲内に限られます。因果関係とは、原因と結果の間に存在する「あれなければこれなし」という関係です。たとえば、交通事故に遭って手術が必要な程度の負傷をしたために、病院に向かっている途中に、病院の階段で足を滑らせて頭を強打して死亡したとしましょう。この場合、被害者の死亡と交通事故との間に因果関係を認めるという結論には、違和感を覚えるのが通常です。そこで、損害賠償責任を負わせるにふさわしい程度に、因果関係を絞り込む相当因果関係説という考え方が、一般的に支持されています。

事故と死亡との因果関係が不明確なことはよくあることですが、特に本ケースのように、被害者が病弱で、もともと持病などがある場合は、事故が原因で死亡したことを立証することは困難です。

判例では、同様のケースで、事故後、「くも膜下出血」で死亡した被害者について、事故と死亡との因果関係がないと判断したものがあります。因果関係が不明確なために、加害者の対応に誠意が見られない場合、最終的には裁判によって判断してもらうしかありません。

まずは、死亡との因果関係があることを前提に示談交渉をしてみましょう。交渉の進め方によっては、短期間でお互いが納得できる解決に結びつく場合もあるからです。

**相談3** ケガをさせた相手が事前に損害賠償請求権を放棄していた場合

**Case** 私は、会社の先輩を駅まで送るために助手席に乗せていて、事故を起こし、先輩は両足の骨を折る大ケガをしてしまいました。私は車の運転にあまり自信がないので、当初送ることを断ったのですが「事故を起こしても責任をもたなくていいから頼むよ」といわれ、仕方なく承諾しました。このような場合、私と先輩は損害賠償請求をしないという約束をしたことになりますか。

**回答** 加害者は、車の運転にあまり自信がないので、当初送ることを断ったのですが「事故を起こしても責任をもたなくていいから頼む」と同乗者に頼まれ、仕方なく承諾したというケースです。このケースでは、会社の先輩が同乗した場合の危険をあらかじめ承知の上で、損害賠償請求権を放棄したものと考えられます。このような約束は原則として有効ですが、本ケースのように同乗者が大ケガをしてしまった場合に、運転者の責任が全面的に免責されるとすると、同乗者が救われないことになってしまいます。また、被害者が「事故を起こしても責任をもたなくてもよい」とは、自動車の物損を念頭に置いたもので、自分が大ケガを負った場合についてまで、損害賠償請求権を放棄するという内容ではないおそれがあります。不法行為に基づく損害賠償請求においては、当事者の契約以上に「被害者の救済」が重視されているということができます。そこで、本ケースの場合、全面的に免責されるのは難しいでしょう。

また、同乗者が後日、「責任をもたなくていいからとは言っていない」と主張することも考えられます。その場合、同乗者の主張をくつがえさなければ、加害者は損害賠償責任を免れることができなくなります。友人や恋人の関係にあっても、事故によって加害者と被害者という関係になってしまうと、損害賠償をめぐって争いになることもあります。同乗者に対しては、誠意をもって対応する必要があります。

# 2 損害の中身を知っておこう

**財産的な損害は積極損害と消極損害に分けられる**

## 損害にはどんなものがあるのか

　損害賠償請求が認められるには、損害の発生が必要です。では、損害とは具体的に何を意味するのでしょうか。

　交通事故による損害は、人身損害と物件損害に大別されます。人身損害とは、死亡事故や傷害事故といった人身事故から発生した損害です。物件損害とは、壁を傷つけるなどの物損事故から発生した損害です。

　また、損害は財産的損害と精神的損害に大別することもできます。**財産的損害**は、所有物の損傷や治療費の支出など、現実に財産が減少したことによって生じた**積極損害**と、働くことができれば得られたであろう収入を失ったという、得べかりし利益の喪失による**消極損害**に分けられます。簡単に言うと、お金が出ていくのが積極損害であり、お金が入ってこなくなるのが消極損害です。

　人身事故の場合は、傷害・後遺障害・死亡の３つのケースが考えられますが、いずれのケースでも財産的損害と精神的損害、あるいは積極損害と消極損害が発生します。

　なお、裁判で損害として認められた額の１割程度を弁護士報酬の損害額として賠償を求めることができる場合があります。

### ① 積極損害

　被害者が交通事故に遭ったために支出せざるを得なくなった金銭のことを積極損害といいます。

　たとえば、交通事故でケガをした場合は治療が必要になりますが、この治療費は交通事故に遭ったためにやむを得ず支出することになったものです。一方、死亡事故の場合であれば、被害者の遺族は被害者の葬儀をすることになりますが、葬儀費用も交通事故に遭ったために支出することになった費用です。

　交通事故において、治療のために出費が必要になった場合、積極損害として請求できる治療関係の費用としては、治療費（診察料・検査料・入院料など、症状固定の時までの治療にかかった費用）や通院費等があ

22

ります。担当医への謝礼も一定の限度で認められることがあります。

その他の積極損害として、治療などのために子供を知人や保育施設に預けた場合にかかった委託費用、家事や育児のために家政婦などを雇った場合の費用、治療のために学校を休んで学習に遅れが生じたため、家庭教師を雇った場合の費用、文書料（医師の診断書、交通事故証明書、印鑑証明などを作成するための費用）も請求できる場合があります。

また、家屋の出入口・階段・風呂場・トイレ・ベッド・イスや自家用車などをバリアフリー対応へと改造する（または買い替える）費用、破損した衣服の購入費、子供の保育費または学習費（被害者のケガの程度、内容、年齢、家庭の状況などに照らして必要性が認められるとき）の実費を請求することができます。

② 消極損害

交通事故に遭ったために得ることができなかった金銭（経済的利益）のことを消極損害といいます。

たとえば、交通事故で死亡した場合、被害者はそれまで得ていた収入を以後得ることができなくなります。また、交通事故でケガをした場合、治療のために仕事を休むことを余儀

なくされ、その間の収入が減る、あるいはゼロになるといったことも考えられます。さらに、事故の後遺症のせいで以後の収入が減ることもあるでしょう。これらはすべて消極損害にあたります。

消極損害には、休業損害（仕事を休んだために得られなかった収入）、後遺障害逸失利益（後遺症が残ったために得られなかった収入）、死亡逸失利益（死亡したために得られなかった収入）の３種類があって、それぞれ計算方法が異なります。

休業損害の場合、治療をしていた期間中に仕事を休むことによって失う収入（逸失利益）が消極損害にあたります。逸失利益は被害者の１日あたりの収入額に治療のために休んだ日数（休業日数）を乗じて計算します。つまり、

---

**休業損害＝１日あたりの収入（基礎収入）×休業日数**

---

となります。ただ、「１日あたりの収入」は被害者の職業によって扱いが異なってきます。公務員・会社員といった給与所得者と自営業者とでは当然異なりますし、定職に就いていないフリーターも扱いが異なって

第2章 損害賠償の基礎知識

23

きます。また、休業日数には、入院した日数、治療のために通院した日数の他、自宅で安静にしていなければならない日数も含まれます。

### 慰謝料とはどんなものなのか

財産的損害の他に、**精神的損害**も交通事故の損害賠償の対象に含まれます。交通事故に遭った場合に受ける悲しみや恐怖など、精神的損害を償うためにあるのが**慰謝料**です。慰謝料は、精神的損害という目に見えない損害についての賠償金ですから、目に見える財産的損害の賠償とは異なる性質をもっています。

そのため、被害者が納得するように慰謝料を算定するのは、なかなか困難です。死亡事故、傷害事故、後遺障害のそれぞれの場合で一応の基準がありますが、性質上、明確な算定基準はありません。実際の賠償額は、傷害の程度、被害者の年齢・職業、加害者が被害者に対してどの程度誠意を尽くしたかなどの事情を考慮して決められます。

慰謝料の算定については、多くの判例があります。しかし、算定にあたって考慮される事情は多種多様です。同じ被害を被っていても、被害者や被害の態様が異なれば、慰謝料の額も異なってきます。

このように慰謝料の算定は一律には決定しづらいものです。だからといって、場当たり的に算定するのでは、被害者にとっても加害者にとっても不公平な結果となってしまいます。そのため、実務においては、慰謝料の算定基準が一応の目安として利用されています。この慰謝料の算定基準を利用して、後遺障害に対する賠償を計算することもあります。たとえば、財産的損害としての逸失利益が認めにくいような場合に、慰謝料を増額することで逸失利益を埋め合せるといった方法がとられることもあります。

**人身事故と物損事故**

# 3 損害賠償額算定の基準について知っておこう

### 自賠責保険、任意保険、弁護士会の３つの基準がある

## 賠償額を算定する基準は

　人身事故の被害者が請求できる賠償額については、一般の人にあまり知られていません。数え切れないほど発生する交通事故に関する紛争を迅速に処理するため、賠償額については、個別の紛争ごとに考えるのではなく、定型化された基準を用いて支払うべき金額を算出しています。

　具体的には、①自賠責保険基準、②任意保険基準、③弁護士会（裁判所）基準、の３つの査定基準があります。被害者はこれらの基準を参考にして、加害者に損害賠償を請求することになります。本人同士または弁護士が代理人となって交渉する場合は、３つの中で金額的に被害者側に有利な③の弁護士会基準が利用されます。弁護士会基準は、判例や物価の変動などの経済的要因が考慮された基準です。

　当事者双方が任意保険に加入している場合であれば、保険会社同士の話し合いで示談交渉の決着がつくことが多いようです。この場合は②の任意保険基準が利用されます。

　ただ、被害者も加害者も弁護士会基準の主張をしなければ、自賠責保険基準や任意保険基準よりも低い金額で示談が成立する可能性もありますから注意が必要です。

## それぞれの基準の内容

　以下、３つの基準の内容を簡単に見ていきましょう。

### ①　自賠責保険基準

　人身事故について、自賠責保険の損害額を算定する際に、損害保険料率算出機構が使用する基準です。この基準には支払限度額があり、傷害事故については120万円、後遺障害を残した事故については3000万円（介護を要する一定の後遺障害については4000万円）、死亡事故については3000万円がそれぞれ限度額になります。

### ②　任意保険基準

　人身事故についての任意保険での損害額算定基準です。現在は保険の自由化に伴って各社共通の統一支払

基準は廃止され、各保険会社が個別の支払基準を作成しています。

③　弁護士会（裁判所）基準

増加する交通事故による損害賠償訴訟に迅速に対応するため、損害額の定型化、定額化を図った基準が弁

## 入・通院慰謝料（日弁連事故センターの基準）

（単位：万円）

| 通院 ＼ 入院 | 入院のみ / 通院のみ | 1月 | 2月 | 3月 | 4月 | 5月 | 6月 | 7月 | 8月 | 9月 | 10月 | 11月 | 12月 | 13月 | 14月 | 15月 |
|---|---|---|---|---|---|---|---|---|---|---|---|---|---|---|---|---|
| 通院 | 60〜32 | 117〜63 | 171〜92 | 214〜115 | 252〜135 | 284〜153 | 312〜168 | 336〜181 | 356〜191 | 372〜200 | 385〜207 | 395〜212 | 403〜217 | 408〜221 | 413〜225 | |
| 1月 | 29〜16 | 88〜47 | 144〜78 | 192〜103 | 232〜125 | 268〜144 | 298〜161 | 324〜174 | 345〜186 | 364〜196 | 379〜203 | 390〜210 | 399〜214 | 406〜219 | 411〜223 | 416〜227 |
| 2月 | 57〜31 | 115〜62 | 165〜89 | 210〜113 | 248〜134 | 282〜152 | 310〜167 | 333〜179 | 353〜191 | 371〜199 | 384〜206 | 394〜212 | 402〜216 | 409〜221 | 414〜225 | 419〜229 |
| 3月 | 84〜46 | 136〜73 | 183〜99 | 226〜122 | 262〜142 | 294〜158 | 319〜172 | 341〜184 | 360〜194 | 376〜202 | 388〜208 | 397〜214 | 405〜218 | 412〜223 | 417〜227 | 422〜231 |
| 4月 | 105〜57 | 154〜83 | 199〜108 | 240〜130 | 274〜148 | 303〜163 | 327〜177 | 348〜187 | 365〜197 | 380〜204 | 391〜210 | 400〜216 | 408〜220 | 415〜225 | 420〜229 | 425〜233 |
| 5月 | 123〜67 | 170〜92 | 213〜116 | 252〜136 | 283〜153 | 311〜168 | 334〜180 | 353〜190 | 369〜199 | 383〜206 | 394〜212 | 403〜218 | 411〜222 | 418〜227 | 423〜231 | 428〜235 |
| 6月 | 139〜76 | 184〜100 | 225〜122 | 261〜141 | 291〜158 | 318〜171 | 339〜183 | 357〜192 | 372〜201 | 386〜208 | 397〜214 | 406〜220 | 414〜224 | 421〜229 | 426〜233 | 431〜237 |
| 7月 | 153〜84 | 196〜106 | 234〜127 | 269〜146 | 298〜161 | 323〜174 | 343〜185 | 360〜194 | 375〜203 | 389〜210 | 400〜216 | 409〜222 | 417〜226 | 424〜231 | 429〜235 | 434〜239 |
| 8月 | 165〜90 | 205〜111 | 242〜132 | 276〜149 | 303〜164 | 327〜176 | 346〜187 | 363〜196 | 378〜205 | 392〜212 | 403〜218 | 412〜224 | 420〜228 | 427〜233 | 432〜237 | 437〜241 |
| 9月 | 174〜95 | 213〜116 | 249〜135 | 281〜152 | 307〜166 | 330〜178 | 349〜189 | 366〜198 | 381〜207 | 395〜214 | 406〜220 | 415〜226 | 423〜230 | 430〜235 | 435〜239 | 440〜243 |
| 10月 | 182〜100 | 220〜119 | 254〜138 | 285〜154 | 310〜168 | 333〜180 | 352〜191 | 369〜200 | 384〜209 | 398〜216 | 409〜222 | 418〜228 | 426〜232 | 433〜237 | 438〜241 | 443〜245 |
| 11月 | 189〜103 | 225〜122 | 258〜140 | 288〜156 | 313〜170 | 336〜182 | 355〜193 | 372〜202 | 387〜211 | 401〜218 | 412〜224 | 421〜230 | 429〜234 | 436〜239 | 441〜243 | 446〜247 |
| 12月 | 194〜106 | 229〜124 | 261〜142 | 291〜158 | 316〜172 | 339〜184 | 358〜195 | 375〜204 | 390〜213 | 404〜220 | 415〜226 | 424〜232 | 432〜236 | 439〜241 | 444〜245 | 449〜249 |
| 13月 | 198〜108 | 232〜126 | 264〜144 | 294〜160 | 319〜174 | 342〜186 | 361〜197 | 378〜206 | 393〜215 | 407〜222 | 418〜228 | 427〜234 | 435〜238 | 442〜243 | 447〜247 | 452〜251 |
| 14月 | 201〜110 | 235〜128 | 267〜146 | 297〜162 | 322〜176 | 345〜188 | 364〜199 | 381〜208 | 396〜217 | 410〜224 | 421〜230 | 430〜236 | 438〜240 | 445〜245 | 450〜249 | 455〜253 |
| 15月 | 204〜112 | 238〜130 | 270〜148 | 300〜164 | 325〜178 | 348〜190 | 367〜201 | 384〜210 | 399〜219 | 413〜226 | 424〜232 | 433〜238 | 441〜242 | 448〜247 | 453〜251 | 458〜255 |

（注）特に症状が重い場合は上限額（上段の金額）を２割増した金額まで増額を考慮する。

護士会（裁判所）基準です。

弁護士会基準には、日弁連交通事故相談センターによる基準と東京の弁護士会が定立している基準がありますが、公益財団法人日弁連交通事故相談センター編による交通事故損害額算定基準（通称「青本」と呼ばれているものです）が、全国的に使用されています。

## 賠償請求の基準となる収入の算定方法

事故によるケガの損害については、治療費や付き添いにかかる費用が対象になる他、治療費以外にも、治療期間中に休業したことによって減少した収入（休業損害）や、事故の後遺障害で労働力が低下した場合における将来の減少分の収入（逸失利益）

なども、損害賠償の対象になります。休業損害や逸失利益について、会社員や公務員の場合は、基本的に源泉徴収票または所得証明を基準にして減少分を決定します。個人事業者の場合は、確定申告を参考にして算定します。

実収入と申告した収入とが異なる場合には、実際に申告した収入以上の収入があったことを裏付ける資料を示すことにより、実収入による損害賠償請求が可能になります。

どのようなものが算定の根拠資料として認められるのかは、ケース・バイ・ケースです。商売をしている場合には、直近の売上伝票や領収書などによって収入を証明します（申告内容に誤りがある場合には、修正申告が必要になります）。

## 損害賠償額の算定の目安となる支払基準

| 自賠責保険基準 | 自賠責保険の損害額算定の際の基準 |
|---|---|
| 任意保険基準 | 各保険会社が個別の支払基準を作成 |
| 弁護士会（裁判所）基準 | 損害賠償訴訟に迅速に対応するため、損害額の定型化、定額化を図った基準 |

➡ 被害者としては加害者側（保険会社）の提示金額に問題がないか、基準などを確認する必要がある

# 4 損害賠償を請求できるのは誰か

損害を受けた本人が請求するのが原則である

## 人身事故、物損事故の場合によってそれぞれ異なる

交通事故で損害を被った場合に加害者に対して損害賠償の請求ができるのは、まず被害者本人です。誰がどんな請求をできるのかは、人身事故、物損事故の場合によってそれぞれ異なります。

### ① 傷害事故の場合

人身事故のうち交通事故で傷害を負った場合の損害賠償請求は、被害者本人が加害者（加害者の加入する保険会社も含む）に対して請求するのが原則ですが、被害者本人が請求できない場合もあります。

たとえば、被害者が意識不明で回復の見込みがない場合は、被害者の配偶者や親などの一定の親族が被害者に代わって請求します。

また、被害者が幼児などの未成年者である場合は、親などの法定代理人が請求します。被害者が成年被後見人（アルツハイマー病などの影響により物事を判断する能力を欠く状態にある人のこと）の場合は、その者に代わって成年後見人が請求します。さらに、被害者に重度の後遺障害が残った場合は、被害者の配偶者などの一定の近親者が、自己の権利として加害者に慰謝料を請求することができます。

なお、内縁関係にある配偶者についても、婚姻届を出している配偶者と同様、加害者に損害賠償を請求することができます。外見的には、法律上の夫婦（婚姻届を出している夫婦）と同じようにいっしょに暮らしており、世間的にも夫婦として認められている場合、単に婚姻届を出していないからといって、法的保護を受けられないとすると不公平です。

そこで、内縁の配偶者が交通事故などで死傷した場合の損害賠償請求についても、できる限り法律上の夫婦の配偶者と同じような扱いを受けることが認められています。内縁関係にある配偶者が法的保護を受けられるかどうかは、事実上、法律上の婚姻関係と同様の事情にあった者と認められるかどうかによって判断さ

れます。

なお、被害者に過失があった場合は、過失相殺が行われる場合があります。また、被害者が得た利益について損益相殺が行われることもあります。

② 死亡事故の場合

同じ人身事故でも死亡事故の場合は、死亡した被害者本人による損害賠償請求ができませんから、死亡した被害者の遺族（相続人など）が請求することになります。相続人のうち、被害者の配偶者・子・父母などの近親者は、自分自身の慰謝料を請求することもできます。

③ 物損事故の場合

物損事故の場合、損害賠償を請求できる人は、傷害事故の場合とほぼ同じです。原則は被害者本人が請求

します。ただ、物損事故には自賠法の適用がありませんので、民法709条の不法行為責任に基づいて損害賠償を請求することになります。

## 事故で被害者だけでなく加害者も死亡した場合

被相続人が死亡すると被相続人の持っていた財産だけでなく、債務もその相続人に承継されます。

加害者が死亡した場合、加害者の相続人が損害賠償債務を相続しますので、被害者はその相続人を相手に示談交渉や訴訟提起などをすることになります。加害者と被害者の双方が死亡した場合は、相続人同士の間で示談交渉や訴訟提起などをすることになります。

**第2章 損害賠償の基礎知識**

## 本人や相続人による損害賠償請求

29

## 5 損害賠償責任は誰にあるのか

### 事故を起こした本人以外の者が責任を負うこともある

#### 誰に損害賠償を請求するのか

交通事故が発生した場合、被害者が被った損害について賠償責任を負うのは、原則として加害者本人です。

しかし、たとえば、加害者がまったく資力のない者であった場合に、加害者以外の者にも損害賠償の請求ができないとなると、被害者の救済が図れない可能性があります。そのため、以下のように直接の加害者以外の者に対して損害賠償の請求ができる場合を認めています。

・会社（使用者）

会社（使用者）は、従業員を使用することによって利益をあげていることから、従業員の不法行為について損害賠償責任を負います。これを使用者責任（民法715条）といいます。ただし、会社が使用者責任を負うのは、交通事故が「事業の執行について」生じた場合、つまり基本的に従業員が仕事中であった場合です。

また、使用者に代わって事業を監督する者（代理監督者）は、使用者ではありませんが、使用者と同じ責任を負うことがあります。

問題は代理監督者とは誰を指すのかということです。最高裁は、客観的に見て、使用者に代わって現実に事業を監督する地位にある者であるとして、タクシー運転手が起こした交通事故につき、タクシー会社の代表取締役の代理監督者責任を否定しました。被害者の立場になったときは、民法709条の不法行為責任だけでなく、使用者責任を追及できないかどうかを検討しましょう。

・運行供用者

自動車を自分のために自分の支配の下で使用できる状況にあって、自動車を運行することが自分の利益となる者（運行供用者）は、人身事故の損害賠償責任を負います。

これを運行供用者責任といい、直接の加害者でなくても、自動車損害賠償保障法（自賠法）3条に基づいて損害賠償責任が発生します。民法上の不法行為と異なり、故意や過失がなくても損害賠償責任が発生する点が運行供用者責任の特徴です。

30

運行供用者責任は、交通事故の被害者の保護を目的としたもので、レンタカーの貸主なども原則として運行供用者にあたります（下図参照）。

・未成年者の親など（監督義務者）

責任能力のない未成年者や、精神上の障害で自分の行為の是非を判断できない責任無能力者が、交通事故の加害者となった場合には、これらの者を監督すべき義務のある者が損害賠償責任を負います。

具体的には、①自動車の運行を事実上支配管理できること、②社会通念上自動車の運行が社会に害悪をもたらさないよう監視・監督すべき立場にあること、という要件を備えていれば、監督義務者の責任が認められます。たとえば、親や後見人などの法定の監督義務者や、これらに代わって監督義務を負う者などが「監督義務者」に該当します。ただし、監督の義務を怠らなかったことを証明すれば、監督義務者の責任を免れることができます。

・好意同乗の場合

車に無償で同乗させてもらうことを好意同乗といいます。会社の同僚に家まで車で送ってもらうような場合が該当します。好意同乗中に事故を起こし、同乗者にケガをさせた場合、運転者は同乗者に対して賠償責任を負います。好意で、しかも無償で乗せてあげたからといって、賠償責任を免れる理由にはなりません。

## 責任追及の相手

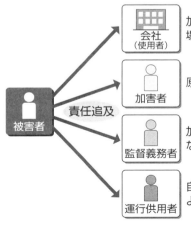

交通事故の被害者が道路を歩いている者でも、同乗者でも、運転者による自動車の運転に不注意があったことでケガを負うに至った点で変わりはないからです。ただ、同乗の経緯などを考慮して、賠償額が減額されるケースもあります。

## 加害者が複数いる場合

何人かの不法行為によって他人に損害を与えたときは、各自が連帯してその賠償の責任を負います。これを共同不法行為といいます。

共同不法行為が認められると、共同行為者の各自が連帯して被害者の損害の全部を賠償する責任を負うことになります。交通事故で共同不法行為が問題となるケースには、次のような場合が考えられます。

① 複数車両による単一事故

複数の車両が関与して単一の事故を発生させ、第三者に損害を与えた場合です。

② 運転者と車の所有者あるいは使用者の責任

運転者と同時に、車両の所有者や運転者の使用者（会社）にも責任が発生する場合です。

③ 複数車両が別々に事故を起こした場合

複数の車両が別々に加害行為を行う場合です。この場合、複数車両のそれぞれの加害行為が、時間的・場所的に接近していて、ほぼ同一の機会に生じた一個の交通事故として認められるようであれば、共同不法行為が成立します。

④ その他

連鎖的な二重追突、二重衝突、二重轢過（二重にひいた場合）などのように、第一事故の被害者が、第二事故を避けることができなかったと認められる場合などです。

## 共同不法行為の種類

共同不法行為
- ① 複数車両による単一事故の場合
- ② 運転者の他に車両所有者や使用者がいる場合
- ③ 複数の車両が別々に事故を起こした場合
- ④ その他（二重追突など）

## 相談4　内縁の夫や妻

**Case**　内縁の夫が交通事故で死亡した場合は、遺された内縁の妻は損害賠償請求を行うことができるのでしょうか。

**回答**　内縁関係にある配偶者も、単に婚姻届を出していないからといって、一切法律的保護が受けられないとするのは不公平です。そこで、内縁であっても事実上、婚姻関係と同様の事情にあった者と認められる場合で、終生を共にし、被害者（内縁の夫）から扶養を受けられたはずだということが認められれば、賠償請求を行うことができます。つまり、内縁の妻について婚姻関係と同様の事情にあったと認められた場合には、事故の加害者に対して、扶養を受ける利益（扶養請求権）の侵害を理由とする損害賠償請求ができます。あわせて慰謝料の請求もできます。

ただ、内縁の夫が交通事故で死亡した際に、内縁の妻とは別に戸籍上の妻（法律上の配偶者）がいる場合は、戸籍上の妻と内縁の夫との夫婦関係が形骸化しており、戸籍上の妻が内縁の夫から何ら金銭的扶助を受けていなくても、内縁の妻の扶養請求権侵害による損害賠償額は、相当の減額がなされることがあります。

## 相談5　交通事故と弁護士費用等

**Case**　交通事故での弁護士費用や証明書・診断書の取得費用などの取扱いは、どのようになるのでしょうか。

**回答**　事故に遭い、加害者と損害賠償金の交渉を行う際、弁護士に依頼する被害者の方もいるかと思います。その際に、加害者に対して損害賠償請求訴訟を提起し、その訴訟で勝訴すると、弁護士費用も賠償額として認められることがあります。その場合、通常は裁判所に認められた損害賠償額の1割前後を限度として、弁護士費用の請求が認められます。

弁護士に支払う費用の内訳としては、着手金、成功報酬の他に、交通費・

通信費といった実費などがあります。なお、法テラス（0570-078374）では、経済的に余裕のない人を対象として弁護士費用立替制度の利用を勧めています。また、交通事故に遭い、医者の診察を受けた場合の診断書や、どの程度の治療を受けることが必要になったかを示す証明書を取得するために必要な費用については、原則として加害者に対して請求することが可能です。ただし、明らかに不必要な部分の診療費用や診断書の取得費用を加害者に請求することはできません。

### 相談6 下請会社の従業員が事故を起こした場合、元請会社に責任はあるのか

**Case** 当社は運送会社を営んでいますが、引越し業務の部門については、当社の子会社であるＹ社に請け負わせています。この度、Ｙ社が業務を拡張するにあたって、当社名義でトラックを購入したのですが、そのトラックでＹ社の従業員が人身事故を起こしました。諸費用をはじめとする購入代金や割賦代金は、すべてＹ社が支払っていますが、当社にも事故の責任はあるのでしょうか。

**回答** Ｙ社が親会社名義でトラックを購入したということは、対外的にみれば、親会社はＹ社に対して指揮監督権限をもっているものと判断されます。したがって、Ｙ社の事故について、親会社（元請会社）は責任を免れません。下請会社に対して元請会社の指揮監督権限があると認められる場合、下請会社の従業員は元請会社の従業員と同様に扱われます。つまり、下請会社の従業員が起こした交通事故についても、元請会社には使用者責任（民法715条）が認められます。また、下請会社の従業員に対して間接的に指揮監督権が認められるにすぎない場合であっても、元請会社に使用者責任を認める判例が出ています。さらに、自賠法3条は運行供用者の損害賠償責任を認めていますから、運行利益を得ている元請会社には運行供用者としての責任が認められ、下請会社の従業員の起こした事故について損害賠償責任が認められやすくなっています。

# 6 運行供用者にあたるのは誰か

## 運行供用者も責任を負う

### 不法行為責任と自賠法の責任

　どのような交通事故でも、他人に損害を与えれば、民法上の不法行為にあたる可能性があるため、まず民法による事故の解決を検討する必要があります。つまり、運転者は、故意（わざと）または過失（不注意で）により交通事故を起こし、他人の権利を侵害した場合、民法上の不法行為責任を負います（民法709条）。

　一方、自動車損害賠償保障法（自賠法）は、**運行供用者**（自動車を自分のために自分の支配の下で使用できる状況にあって、自動車を運行することが自分の利益となる者）が損害賠償責任を負う旨を規定し（自賠法３条）、運転者に限らず、その他の運行供用者にあたる者にも交通事故による損害賠償責任を負わせています（**運行供用者責任**）。

　運用供用者にあたるか否かが問題になるケースのひとつに、事故を起こした自動車をローン販売によって購入し、ローンの支払いが継続中であった場合に、自動車の販売会社が運行供用者にあたるのかという問題があります。自動車の販売会社は、ローン販売の際に代金債権を確保するため、自動車の所有権を留保したにすぎません。販売会社には、運行支配も運行利益も認めることができませんので、販売会社に対して運行供用者責任は発生しないと考えられています。

　なお、民法上の不法行為についても、自動車の販売会社は運転者の使用者でも監督義務者でもありませんので、賠償責任を認めることはできません。自動車に構造上の故障があって、それが原因で事故が発生したのであれば、販売会社にも賠償責任を問う余地があるにとどまります。

　民法と自賠法の関係については、人身事故の場合は、まず自賠法が適用され、自賠法に規定がない事項や、そもそも自賠法の適用がない場合には、民法が適用されます。

　一方、自賠法の対象になるのは人身事故だけで、物損事故に対しては適用されません。そのため、物損事

第2章　損害賠償の基礎知識

35

故による損害については、任意保険に加入している場合は任意保険から賠償を受けます。任意保険に加入していない場合は、民法709条の不法行為に基づき、直接加害者本人に損害賠償を請求することになります。

## 運行供用者が責任を免れるためには

運転者は、通常、運行供用者に該当しますから、人身損害については、自賠法３条による運行供用者責任を負うことになります。

運行供用者が運行供用者責任を免れるためには、①自己または運転者が十分な注意義務を尽くしたこと、②被害者または第三者に故意・過失のあったこと、③自動車に構造上の欠陥または機能上の障害のなかったこと、の３点をすべて立証しなければなりません。

この立証は困難で、無過失責任に近い責任を加害者側に負わせたものと言われています。なお、運転者が運行供用者にあたらない場合もあります。たとえば、雇われ運転手などは運行供用者には該当しません。その場合には、運転手は民法709条の不法行為責任だけを負うことになり、運転手を雇っている会社が運行供用者責任を負います。

### 運行供用者にあたる者・あたらない者

| | |
|---|---|
| ○ 加害車両の所有者 | ➡ 運行供用者にあたる |
| ○ レンタカー業者 | ➡ 運行供用者にあたる |
| ○ 使用貸借の貸主 | ➡ 運行供用者にあたる |
| ○ 代車提供者 | ➡ 運行供用者にあたる |
| ○ 車を盗まれてしまった所有者 | ➡ 原則として運行供用者ではない |
| ○ 無断運転された車の所有者 | ➡ 原則として運行供用者にあたる |
| ○ 代行運転の依頼者 | ➡ 運行供用者にあたる |
| ○ リース会社<br>（所有権留保特約付売買の売主） | ➡ 運行供用者ではない |
| ○ 自動車修理業者 | ➡ 原則として運行供用者にあたる |
| ○ 請負人が起こした事故の注文者 | ➡ 原則として運行供用者ではない |

## 相談7 運転代行者が事故を起こした場合の損害賠償請求

**Case** 店に迎えに来てもらった運転代行業者が事故を起こして、私は負傷してしまいました。自分の所有する自動車に乗車していての事故ですが、この場合、損害賠償はどうなるのでしょうか。

**回答** まず、自賠責保険の保険金を請求できるかどうかを考えてみましょう。運転代行業者が、自賠法3条の運行供用者にあたるかどうかという問題です。あなたは自動車の所有者として運転の代行を依頼し、同乗していますから、運行支配と運行利益が認められます。したがって、あなたが運行供用者に該当することは間違いありません。一方、運転代行業者は実際に自動車を運転しており、しかも報酬を得ているので、やはり運行支配も運行利益も認められ、運行供用者に該当します。被害者も加害者も運行供用者である場合は、自動車の運行に対して比較的強度の支配を及ぼしている方が責任を負うことになります。本ケースでは、自動車を実際に運転して事故を起こした運転代行業者が責任を負います。よって、あなたは自賠責保険の保険金を請求できます。なお、前述のように運転代行者に運転を依頼したあなたは、依然として運転供用者であることに変わりはありませんので、仮に本ケースの自動車に、あなたの他に第三者も同乗していた場合には、運転代行業者と自動車の所有者であるあなたの双方が、第三者に対して損害賠償義務を負うことになります。

次に、契約上の賠償責任を運転代行業者に対して追及できるかについて考えます。運転代行業者とあなたは運転代行契約を締結していますが、運転代行業者にはそれに付随して安全に運転するという義務があります。その義務に違反して事故を起こしているので、運転代行業者に対してあなたは債務不履行による損害賠償請求ができることになります。

## 相談8 親元を離れた大学生が加害者の場合はどうする

**Case** 先日、私の6歳の息子が、大学生（18歳）が運転する乗用

車にはねられて大ゲカをしました。相手の大学生も非は認めていますが、任意保険に入っておらず、親元から離れて下宿生活をしているため、十分な損害賠償ができる資力を有しているとは思えません。車も中古車をアルバイトで貯めたお金で買ったそうです。このままでは、私も子供も泣き寝入りですが、どうすればよいのでしょうか。

**回答** 自賠法上の運行供用者として、大学生の親に損害賠償を請求する方法が考えられます。しかし、本ケースの場合、加害者は親元から離れて生活しており、乗用車の購入費も自分で負担しています。よって、親が自動車の運行に対して支配を及ぼしていたとはいえず、運行供用者に該当するとはいえません。次に、民法714条の監督義務者の責任を親に追及する方法が考えられます。監督義務者として責任を負うかどうかは、親と子の同居の有無、経済的関係、自動車の購入費・維持費の負担、親の利用度などの諸事情を考慮して判断されます。

ただ、監督義務者の責任は、加害者本人に、自分の行為の結果、何らかの法律的な責任が生ずることを判断するだけの能力がないこと（責任無能力）が条件で、判例によると10歳〜11歳程度までの子供が目安です。相手が18歳となると、この条件は満たされません。さらに、親が指導を怠っているとして親に直接不法行為責任を追及する方法もありますが、親元から離れて生活している大学生なので、それも難しいといえます。そこで、親に損害賠償債務の保証人になってもらうとよいでしょう。

### 相談9 違法駐車の車を避けようとして事故を起こした場合はどうする

**Case** 自家用車で、左に曲がる長いカーブを走っていると、突然、道路の左側に駐車しているトラックが目に入りました。追突を避けるために、右にハンドルを切ったのですが、反対車線に車体がはみ出てしまい、対向車線を進んできた乗用車と衝突しました。負傷はしなかったのですが、相手の車の運転手は重傷を負いました。付近は、駐車禁止ですが、違法駐車していた者に責任はないのでしょうか。

**回答** まず、自動車損害賠償保障法でいう「運行」に自動車の駐車が該当するかが問題となります。自賠法が自動車のもつ危険性に着目して運行供用者に賠償責任を課していることを考慮すると、運行の意味は広く自動車の「格納から格納まで」と解釈されることが多いといえ、自動車の路上駐車は「運行」といえるでしょう。しかも、被害者の救済という自賠法の目的からすれば、駐車が違法であっても「運行」に含まれます。

次に、違法駐車と衝突事故との間の因果関係について考えます。駐車しているトラックへの追突を避けるため、必然的に反対車線にはみ出た場合には、因果関係は認められます。具体的には、片側一車線で、トラックを避けて進行車線内にとどまれなかったのであれば、因果関係が認められ、違法駐車していた者にも損害賠償責任が認められます。

## 相談10 自動車の名義を貸した者の責任はどうなる

**Case** 大手建設会社の下請をしているのですが、同じく下請の運送会社Ａの税金対策があるとかでＡ社の新規に導入する車両の名義人になってほしいと頼まれました。税金や保険料はＡ社の負担です。Ａ社には同じ現場で建築資材をいっしょに運搬してもらうなど世話になっていて、新規の車両でも運搬を手伝ってくれるというので了承しました。

ところが、その車両で人身事故が起き、単なる名義人である私の会社（Ｂ社）にも請求がきました。どうすればよいのでしょうか。

**回答** この場合には、名義を貸したＢ社も自己の賠償責任を負うものなのでしょうか。

名義を貸して、自社の資材の運搬に協力してもらっていれば、交通事故の責任を負うこともあります。自動車の名義人となって、その自動車を利用して仕事を手伝ってもらっているのであれば、運行供用者に該当するとして損害賠償責任を負う可能性があります。この場合、実質的な支配関係や協同関係があるため、被害者に対して責任を負うことになる

のです。名義を貸したB社は、同じ現場で資材をいっしょに運搬しても
らうなど、A社の世話になっています。さらに名義を貸した新規の車両
でも運搬を手伝ってもらっているといった事情があれば、協同関係が十
分に認められるといえるでしょう。結局、B社は運行供用者に該当する
として、損害賠償責任を負うことになる可能性が高いといえます。

　B社としては被害者との示談交渉の席にA社を交えた上で、賠償方法
などについて交渉すべきでしょう。

### 相談11　社員個人の車を営業で使っていて事故を起こした場合

**Case**　私は保険会社に勤務しています。外交員をしており、自家用車
で通勤して、営業で出かけるときも自家用車を利用しています（この
ような自家用車の利用を会社は禁止していません）。先日、仕事で遠方
まで出かけた際、人身事故を起こしてしまいました。被害者の家族か
ら請求されている治療費や慰謝料が払えないので、会社に支払っても
らいたいと考えています。会社に賠償責任があるのでしょうか。

**回答**　被害者の家族から請求されている治療費や慰謝料が払えないの
で、会社に支払ってもらいたい場合に、会社に賠償責任があるのでしょ
うか。

　社用車による事故ではありませんが、実質的に見て会社は運行供用者
に該当するため、会社にも損害賠償責任があります。自動車損害賠償保
障法（自賠法）にいう運行供用者とは、自動車の所有者だけでなく、自
分のために自動車を運行の用に供する者をいいます。形式的に考えれば、
事故を起こした車の所有者は会社ではありませんし、会社がその車を借
りているという関係でもありませんから、会社には運行供用者としての
責任がないように見えます。

　しかし、自賠法でいう運行供用者の損害賠償責任の有無は、実質的には
どのように使用されていたのかという事実関係から判断されることにな
ります。したがって、社員個人所有の車であっても、営業のために使用

40

させ、ガソリン代などの経費を会社が負担していたりすると、会社に運行支配と運行利益が認められますので、運行供用者としての責任を負わなければなりません。本ケースでも、自家用車であっても日常的に営業に使用しており、事故当時も営業活動の最中であったといえるので、会社にも「運行供用者」としての損害賠償責任が認められます。

### 相談12 従業員でない者が起こした事故について会社は責任を負うのか

**Case** 私はタクシー会社を経営しています。先日、会社の手形を銀行へ持ち込むため、友人Bに会社のタクシーで届けてもらうことにしました。しかし、Bはスピードを出し過ぎて、乗用車と衝突事故を起こしてしまいました。相手は複雑骨折で入院し、相手の車は大破してしまいました。Bは、従業員ではないのですが、会社の自賠責保険で責任を負うのでしょうか。また、相手の車の修理費はどうなるのでしょうか。

**回答** 自賠責保険は、運行供用者の人身事故に関して保険金を被害者に対して支給します。交通事故の被害者を保護するために、自賠法にいう運行供用者の定義については幅広く解釈されています。つまり、自動車に対して、運行支配と運行利益をもっている者という意味に解釈されています。この場合、Bは友人であって従業員ではありませんが、会社の手形を銀行へ届けるという目的で会社のタクシーを使用していることから、会社の経営者の支配下にあり、会社の利益のための運転といえます。よって、会社は運行供用者に該当し、賠償責任を負います。大破した相手の車の修理費については、自賠責保険は人身事故について賠償する保険なので、物損事故には適用されません。

ただ、会社が責任を負わないという意味ではなく、Bは会社の手形を銀行に届けるために会社のタクシーを使用しているため、修理費についても民法上の使用者責任を負うことになるでしょう。

## 7 損害賠償請求権が時効消滅する場合

一定期間が経過すると損害賠償請求ができなくなる

### 賠償請求にも時効がある

　時効とは、一定期間の継続する事実関係（事実状態）をそのまま権利関係として認める制度です。時効には、取得時効と消滅時効があります。取得時効とは、ある状態が一定期間継続した場合に、所有権など対象物に対する権利を取得する制度です。

　一方、交通事故における損害賠償請求について問題になるのは「消滅時効」です。たとえば、交通事故の被害者が加害者に損害賠償請求権を行使せず、その状態が一定期間続いた場合に、損害賠償請求権（債権）が消滅したと扱うのが**消滅時効**です。

　交通事故の損害賠償請求権については、債務不履行に基づく場合（民法415条）と不法行為に基づく場合（民法709条）が問題になりますので、それぞれについて消滅時効期間を確認する必要があります。

### 時効は何年たつと成立するか

　平成29年の民法改正（2020年4月施行予定）は、債権の消滅時効間について、従来の一般原則である「権利を行使できる時から10年」が経過したときに加えて、「権利を行使できることを知った時から5年」が経過したときも時効消滅すると規定しました。つまり、「権利を行使できる時」という客観的起算点だけでなく、「権利を行使できると知った時」という主観的起算点からの時効期間を設けて、法律関係の早期安定化をめざしています。債務不履行による損害賠償請求権の消滅時効期間は、原則としてこれに従います。

　一方、不法行為による損害賠償請求権は、①被害者等が損害および加害者を知った時から3年間行使しないとき、または②不法行為の時から20年間行使しないときに、時効消滅するのが原則です。

　ただし、平成29年の民法改正は、人の生命・身体の侵害による損害賠償請求権の消滅時効期間は、例外的に「権利を行使できることを知った時から5年」または「権利を行使できる時から20年」と定めました。債

務不履行か不法行為か問わず、人身事故については、この消滅時効期間が適用されます。

消滅時効期間の「権利を行使できる」とは、たとえば、債務不履行による損害賠償請求権であれば、履行期が到来したのに債務の履行がないとき、または債務が履行不能となったときを指します。この時点から損害賠償請求権の行使が可能なので、消滅時効もここから進行します。

一方、不法行為による損害賠償請求権は、被害者側が損害と加害者の双方を知った時から消滅時効が進行します。「加害者を知る」とは、直接の不法行為者を知ることです。

### 時効が更新される場合もある

時効の進行を止めて、ゼロから再び時効を進行させるのが時効の更新（中断）です。例として「承認」があげられます。承認とは、債務者（加害者）が債務の存在を認めることです。

一方、時効が完成するのを一定期間だけ猶予するのが時効の完成猶予（停止）です。例として、裁判外の手段（内容証明郵便の送付など）で相手に請求する「催告」があります。催告は暫定的な方法にすぎないので、催告から6か月以内に裁判上の手段（訴訟の提起など）を行使し、時効を更新させる必要があります。

### 時効の援用

時効の援用とは、時効の利益を受けるという意思を表示することをいいます。時効は期間が経過しただけでは成立せず、当事者が時効の援用をしてはじめて成立します。

**債務不履行の損害賠償請求権の消滅時効**

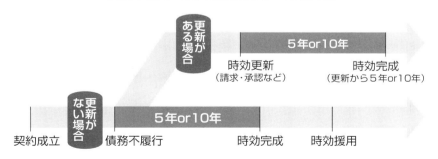

## 8 損益相殺など損害賠償額に影響を与える場合

加害者は事故への寄与度に応じた損害を賠償する

### 損益相殺とは

　損益相殺とは、被害者が加害者の不法行為や債務不履行によって損害を受けながら、一方では利益（労災保険など）を受けた場合に、受けた利益額を損害額から控除して損害賠償額を算定するというものです。

　損益相殺は、被害者が必要以上の利益を得ることを防止するために行われます。たとえば、交通事故で負傷して自賠責保険から支払いを受け、かつ加害者に損害賠償を請求して損害額の全部を賠償してもらうと、損害賠償の二重取りになってしまいます。こうした不公平が生じないようにするため、損害賠償額の算定にあたっては、自賠責保険からの支払分は損害賠償額から控除します。

　しかし、被害者が死亡・負傷した場合に支給される任意加入の生命保険金や傷害保険金については、自賠責の保険金とは異なる取扱いが行われており、損益相殺の対象とはなりません。なぜなら、生命保険金や傷害保険金は、以前に払い込んだ保険料の対価としての性質をもつためであると説明されます。そこで、被害者やその遺族が任意保険の生命保険金や傷害保険金を受け取ったとしても、損害賠償請求額から、受け取った生命保険金や傷害保険金の額が控除されることはありません。

　なお、被害者が死亡したことによる「逸失利益」（75ページ）を算定する場合は、将来的に支出を免れない生活費を差し引くことになります。生活費は不法行為がなくても、誰でもかかる必要経費だからです。

### 賠償額が減額されることもある

　事故発生のときに、被害者が常に心身ともに健康であるとは限りません。身体的または精神的に何らかの病気を患っていることや、病気ではなくても特異な身体的特徴や体質をもっていることもあります。その場合、一般の健康な人であれば事故が発生しなかったのに、被害者のもっている特異性のために事故が発生してしまった場合や、入院治療につ

44

いても通常は1か月で済むところを、2か月もかかったということもあり得ます。そのため、通常は100万円の損害額で済むところが200万円もかかってしまったということになることも考えられます。

加害者の立場からすると、被害者がたまたま病気を患っているなどしているために、通常に比べて100万円も余分に出費を強いられるのは不公平だといえます。一方、被害者の立場からすると、事故で損害を被った以上は、発生した損害の200万円全額について加害者が賠償するのは当然とも思えます。

そこで、被害者の被った損害のすべてについて加害者に責任を負わせるべきか、それとも、被害者のもつ特異性を原因として拡大した損害分については賠償責任を軽くすべきかが問題となります。

最高裁は、被害者の心因的要因または身体的疾患を原因として損害が発生または拡大した場合に、それに応じた賠償額の減額を認めています。つまり、加害者は事故への寄与度（影響を及ぼした程度）に応じた損害だけを賠償することになります。

他方、病気に至らない程度の「身体的特徴」を原因として損害が発生または拡大した場合には、原則として賠償額の減額を認めないと判断しています。この場合は加害者が認定された損害額をすべて賠償することになります。

## 損益相殺の対象になるもの・ならないもの

| 控除の対象になるもの | ● 労災保険・健康保険・年金など各種社会保険給付<br>● 受領済の自賠責保険からの損害賠償額<br>● 政府保障事業からの保障金<br>● 任意保険からの損害賠償額<br>● 所得補償保険金　　　　　　　　　　　　　　　　　など |
|---|---|
| 控除の対象にならないもの | ● 数万円程度の香典・見舞金　● 生命保険金、傷害保険金<br>● 搭乗者傷害保険金　　　　　● 生活保護法の公的扶助<br>● 雇用保険による給付金　　　　　　　　　　　　　　など |

# Column

## 高齢者の引き起こす交通事故

　平成29年度運転免許統計によると、運転免許保有者の数は約8225万人、うち65歳以上は約1818万人となっています。約22％が高齢者という計算です。近年は高齢者自身が加害者となる事故が増加しています。「高速道路を逆走した」「アクセルとブレーキを踏み間違えて立体駐車場から転落した」など、高齢運転者が起こした想定し難い事故のニュースに見覚えのある人も多いと思います。たとえば、東京都では65歳以上の高齢運転者が関与する交通事故の割合は、年々高くなり、平成28年は総件数の20％以上を占め、10年前の２倍近くにのぼっています。年齢を重ねると、視力や聴力といった五感の他、判断力や瞬発力といった運転に必要な能力が衰えてきます。運転中に標識を見落としたり、ブレーキを踏むタイミングが遅れ、とっさの判断ができなくなるといった事態が起こりやすくなります。70歳以上の人を対象に、高齢者講習の受講を免許の更新手続き前に義務付けていますが（75歳以上は認知機能検査も必要）、運転能力の衰えを自覚していない、あるいは自覚はあるが問題はない程度だと思っている人が多いようです。平成20年６月から始まっている運転免許の自主返納支援制度では、運転経歴書を身分証明として使用できるようにするなど、さまざまな取り組みを進めていますが、なかなか返納は進んでいないというのが実情です。

　また、高齢者の交通事故の主要な原因になる認知症対策も強化されています。75歳以上の運転者について、信号無視や通行禁止違反など、認知機能の低下が原因で起こる可能性が高い道路交通法への一定の違反行為が行われた場合には、臨時認知機能検査や臨時高齢者講習を受けることが義務づけられています。さらに、免許更新時に認知症の疑いがある人については、医師の診断（臨時適性検査）を受け、診断書の提出が求められています。

# 第3章

# 傷害・死亡・物損事故の
# 損害賠償額の算定方法

## 1 傷害事故の積極損害とはどんな場合か

ケガの治療費用の他に教育費なども認められる

### 傷害を負った場合の損害

交通事故の被害者が加害者に対して請求できるものは、①実際に支出した治療費など（積極的損害）、②仕事を休んだための休業損害や、障害が残ったときの逸失利益（消極的損害）、③精神的苦痛に対する慰謝料、④弁護士報酬（裁判で損害として認められた額の1割程度）の4つです。

なお、被害者に過失があった場合は、過失相殺が認められます。また、賠償金の二重取りを防ぐために被害者が事故によって得た利益（自賠責の保険金など）について損益相殺が行われることもあります。

積極損害として請求できる治療関係の費用としては次ページ図のようなものがあります。

その他の、治療などのために自分の子供を知人や保育施設に預けるのにかかった委託費用、家事や育児のために家政婦などを雇った費用、治療のために学校を休んで学習に遅れた分を取り戻すための費用、文書料（医師の診断書、交通事故証明書、印鑑証明郵便などを作成するための費用）も積極損害として請求できる場合があります。また、受けた損害により家屋などをバリアフリーに改造する費用も請求が可能です。

### 認定されない損害もある

交通事故で傷害を負った場合、治療費・看護費・交通費などが積極損害として認められます。

しかし、積極損害として認められるのは必要かつ相当な範囲の費用に限られ、実費でも損害賠償請求の対象に含まれないことがあるのです。

具体的には、過剰な診療や必要以上に丁寧な治療をする「贅沢診療」にかかった費用は積極損害として認められません。通院中に飲んだドリンク剤の費用も、傷害事故について必要な費用とは認められません。また、入院中の見舞客に対してのお礼や快気祝い、接待費といった費用も、傷害を負ったことによる必要・相当な範囲の費用とはいえないので、必要経費として認められません。

## 傷害事故の積極損害として認められる主な費用

| | |
|---|---|
| 救護費 | 事故発生直後にかかる費用で、救助捜索費、事故現場での応急処置費用、病院までの救急搬送費など救護に支払った費用。 |
| 治療費 | 診察料・検査料・入院料など症状固定の時までの治療にかかった費用。入院中の食費も含まれる。 |
| 入院(特別)室料 | その病院の通常の平均的な室料を基準に請求金額を算出。治療の必要性から特別室（個室）を使用した場合には必要経費として特別室料の請求が可能。 |
| 入院雑費 | 洗面具などの日常雑貨品費、乳製品や果物などの栄養補給費、電話代・切手代などの通信費、新聞代・テレビ視聴費などの文化費、家族の通院交通費など。1日につき1400～1600円（自賠責基準では1100円） |
| 入院付添費 | 看護師などを雇った場合は実費を請求。親族が付き添った場合は、1日に6500円程度（自賠責基準では4100円）。 |
| 通院交通費 | 転院費や退院費も含め、電車、バス、必要なときのタクシー代などの交通費は実費請求可。 |
| 通院付添費 | 1人での通院が困難で、付添いを頼んだ場合の費用。1日につき3000～4000円（自賠責基準では2050円）。 |
| 通院雑費 | 通院交通費、通院付添費以外に支出した費用があれば請求可。 |
| 温泉療養費 | 治療のため医師の指示で温泉療養を行った場合は請求可。 |
| マッサージなどの費用 | 医師の指示があったとき、または、医師などが治療上の効果を認めたときは、マッサージ・針灸などの施療費についても請求可。 |
| 将来の治療費 | 将来的に支出が確実な治療費は請求可（医師の診断書が必要）。 |
| 義肢などの費用 | 義足や義歯、車椅子などの費用も請求可。 |

※　傷害事故の積極損害に関するその他の注意点は以下の通り。

・積極損害として認められるのは必要かつ相当な範囲の費用に限られる。

・過剰な診療や必要以上に丁寧な治療をする「贅沢診療」を施したためにかかった費用は積極損害として認められない。

・通院中に飲んだ栄養ドリンク剤の費用も傷害事故について必要な費用とは認められない。

**相談13** 治療をした担当医への謝礼を損害賠償で請求できるか

**Case** 交通事故に遭い、入院していたのですが、担当医のＡ先生は大変誠実な医師で的確に治療とリハビリを行ってくれました。リハビリ終了間際に、私はお世話になったお礼にＡ先生に３万円を包みました。私が当初の診断より早く、２か月で退院できたのもＡ先生の的確な治療があればこそだと思うので、先生に渡したお礼も加害者に慰謝料の一部として請求したいのですが可能でしょうか。

**回答** 治療を担当した医師への謝礼は、ケガから回復させることが目的の入院でかかった治療費や付添いにかかった費用ではないため、損害賠償に含まれないのではないかとも考えられます。

しかし、たとえば交通事故によるケガを医師に的確に治療してもらった結果、回復する期間が通常よりも短期で済んだなどの事情がある場合、被害者としては感謝する気持ちになりますし、何らかのお礼もしたいと考えるでしょう。早期に治療がすめばその分、治療費や通院にかかる交通費などの費用が少なくてすむわけですから、加害者側としても負担が軽減されるはずです。そして、早期の回復と的確な治療との間に、直接つながりがある、つまり因果関係があるといえる場合には、担当医への謝礼も一定の限度で、積極的損害に分類される治療関係の費用として、損害賠償請求の対象に含めることが認められる余地があります。

裁判所においても、医師への謝礼が社会通念上、相当な範囲の金額である限り、それを独立の損害として認めると判示しているものがあります。ちなみに、社会通念上相当な範囲の金額としては、数千円から数万円程度が妥当であると考えられます。

なお、入院中の見舞客に対してのお礼や快気祝い、接待費などの費用については、傷害を負ったことによって必要になる相当な範囲の費用とまではいえないので、必要経費として認められないとされています。

**相談14** 先進医療や東洋医学の治療を受けた場合も治療費として認められるのか

**Case** 先日、私は交通事故に遭ってしまいました。病院で一通りの検査を受けたのですが、先進医療や東洋医学の治療も受けたいと考えています。この場合、加害者に対して先進医療や東洋医学の治療費についても請求することができるのでしょうか。

**回答** 交通事故の被害者は、診察料や薬代、入院費など治療にかかる費用を加害者に対して請求することができます。では、一般的な治療に加え、先進医療や東洋医学の治療を受ける場合、その費用は治療費として認められるのでしょうか。

まず、先進医療の治療費についてですが、医者が治療のために先進医療を受けることが不可欠だと認めた場合には、加害者に対してその治療費を請求できます。しかし、先進医療は、治療方法として確立されていないものも多く、被害者が独断で先進医療を受けてしまうと、治療のためには不必要であったとして、加害者に対して費用を請求できない可能性が高いといえます。

次に、東洋医学の治療費についてですが、これも先進医療の場合と同じように、医者が治療のために東洋医学を受けることが不可欠だと認めた場合には、加害者に対して治療費を請求できます。また、医師の指示がなくても、東洋医学が治療のために有用であれば加害者への費用の請求ができますが、請求額は減額される可能性があります。

なお、加害者が任意保険に加入している場合には、保険会社の規定の内容によって保険会社が先進医療や東洋医学のための費用を支払うかどうかが変わってきます。そのため、加害者の加入する保険会社に対して確認をとることも必要です。任意保険の保険金についても、不要な先進医療や東洋医学の治療費の支払いが拒まれる場合があります。

## 2 休業損害の出し方を知っておこう

被害者の職業によって算出の仕方が異なる

### 休業で損害を被ったらどうする

傷害事故の場合、病院に入院または通院することになりますが、仕事を休んだことによって減った収入のことを**休業損害**といいます。休業損害とは、得られるはずであったのに得られなくなった収入のことで、消極損害の代表例です。

具体的な計算方法として、被害者が会社員の場合は、計算が比較的簡単です。まず事故前の3か月間の収入を合計します。次に合計額を90で割り、1日あたりの収入額を算出します。これに休業した日数を乗じて休業損害額を求めます。一方、自営業者の場合は、前年度の申告所得額を基準にして1日あたりの収入額を算出します。ここでの「休業した日数」には、入院日数だけでなく通院した日数が含まれることもありますが、原則として通院期間の証明には「休業を要する」という内容の医師の診断書が必要になります。

もっとも、減少した収入額について、常にその全額が請求できるわけではありません。たとえば、事故当時に被害者が勤務中であったために労災が認定されて、給与の6割が補償された場合は、休業損害として残りの4割しか請求できません。また、入院中・通院中でも勤務先から給与が支給されていた場合は、その分を請求することはできません。

被害者が自営業者などの場合は、所得（申告所得額）を得た後に所得税などの税金を支払うので、所得に含まれるはずの税金分まで賠償の対象となるのかが問題となります。賠償金は非課税なので、税金分まで賠償するのは被害者に過度に有利になるおそれがあるからです。特に被害者が高額所得者の場合は、その差が顕著になります。

しかし、賠償金の非課税は、損害の公平な負担のためでなく「交通事故の被害に遭った者を救済する」との考え方に基づくので、税金分は控除されないとするのが判例の立場です（非控除説）。ただ、非控除説を貫くと時として不公平な結果をもた

らすことも事実なので、実務上は生活費の控除率を上げるなど、バランスに配慮しています。

なお、有給休暇を利用して入院・通院した場合は、収入が減少していなくても休業損害と認められます。

### 専業主婦の休業損害

仕事をしている者は、交通事故に遭って働くことができなくなったために失った収入の額を損害額として、加害者に損害賠償請求ができます。

一方、専業主婦が交通事故に遭った場合、専業主婦は仕事をしていないため、収入を基準として損害額を算定することはできません。しかし、専業主婦の家事労働も社会の中で金銭的に評価することは可能です。そのため、専業主婦が交通事故に遭った場合にも、家事ができなくなったことを理由として、加害者に対して損害賠償請求ができます。

具体的には、賃金センサスで定められている、産業計・企業規模計・学歴計の女性労働者全年齢平均の賃金を基準として、専業主婦の損害額を算定します（平成29年の場合、年収377万8200円）。たとえば、交通事故により入院している間は家事ができないので、その期間中の損害額が上記基準を参考に算定されます。

また、交通事故に遭った時点で無職であった者についても、労働能力や労働意欲があれば、原則として働けなかったことで失った収入分の損害賠償請求が認められます。逆に、労働意欲がまったくないために仕事に就いていない者は、収入分の損害賠償が認められない可能性が高いといえます。被害者が無職の場合、賃金センサスの産業計・学歴計の平均賃金などを基準に損害額を算定します。

### 職業別の休業損害の出し方

| | | |
|---|---|---|
| **1** | **会　社　員** | 事故前３か月の収入を平均して１日あたりの平均賃金を出す。季節によって収入の変化がある場合は、１年間の収入を365日で割って、１日あたりの平均賃金を出す。 |
| **2** | **自営業者（農家なども含む）** | 前年度の確定申告の所得（申告所得額）を基準にして算出する。年度によって著しく差がある場合には、事故前３年間の平均所得による。 |
| **3** | **主婦や学生など** | 主婦は賃金センサスの女子労働者の全年齢平均賃金を基準にして算出する。学生の場合も賃金センサスによる。 |

53

**相談15** 交通事故で入院・通院した場合の損害賠償額を知りたい

**Case** 　私の妻は、歩行者用の通路を通行中、カーブを曲がりきれなかった車にはねられて大ケガをしました、半年間入院し、リハビリのためにその後半年間も通院しなければなりませんでした。入院した分と通院した分について、どの程度の金額を慰謝料として請求できるのでしょうか。

**回答** 　ケガの影響で日常の生活も満足にできないというストレスは、事故に遭った人に影響を及ぼします。これは、金銭賠償に値する精神的苦痛であるということができます。このため、交通事故の被害者は、事故によるケガの治療費や仕事を休むことによって生じる休業損害の他、入院・通院についての精神的苦痛に対する慰謝料も、損害賠償として加害者に請求することができます。

　ただ、治療費など医療機関から金額として請求される費用と異なり、精神的苦痛に対する慰謝料は簡単に数値化できるものではありません。請求自体は個々の事情に応じて行うことができますが、ある程度の算定基準が定まっていないと、双方が受け入れられる額を決定するのに時間を要してしまいます。そこで（公財）日弁連交通事故相談センターでは、交通事故による損害賠償額の算定基準を定めています（26ページの「入・通院慰謝料表」を参照）。この算定基準では、通院期間と入院期間の長短に応じて損害賠償の額を算出します。たとえば、半年間入院し、その後半年間リハビリのために通院した場合、算定基準を参考にすると、約180～340万円の損害賠償額を慰謝料として請求できることになります。

**相談16** 会社の取締役の休業損害はどのように判断するのか

**Case** 　私は、ある株式会社で取締役をしています。先日、交通事故に遭ってしまい、会社に出勤することができなくなってしまいました。このような場合、働けなくなったことを理由として加害者に対して損

害賠償請求ができるのでしょうか。

**回答** 一般の労働者が交通事故に遭って休業した場合、直近3か月の平均賃金などを基に損害賠償を請求することができます。しかし、取締役など会社の役員が交通事故に遭ってしまった場合、取締役が会社から受け取っていた金銭の全額が損害賠償の対象となるわけではありません。

取締役が会社から受け取る金銭には、労働の対価として支払われるものと、それ以外の利益配当などを理由として支払われるものがあります。このうち、損害賠償の対象となるのは、労働の対価として支払われる部分のみです。取締役が会社から受け取る金銭のうち、労働の対価として支払われている部分については、取締役が会社で勤務できない場合には会社から支払いはなされません。そのため、労働の対価として支払われている部分については、加害者に対して損害賠償請求ができます。

これに対して、利益配当などを理由として支払われる金銭は、労働の対価として支払われているわけではありません。つまり、取締役が会社で勤務できなくても会社から支払われることが決まっているわけです。したがって、休業による損害賠償の対象とはなりません。

### 相談17 自営業者の休業損害について注意しなければならないこととは

**Case** 私は商店街で店を営んでいる自営業者で、税務申告の際に収入を実際よりも少なく申告していました。先日、交通事故に遭ってしまい数週間店を営業することができなかったので、加害者にその分の損害賠償請求をしたところ、加害者は私が税務署に申告している分の所得しか損害賠償として支払わないと主張しています。実際に私が店から得ている収入は税務署に申告している額より多いのですが、この場合は実際の収入額分の損害賠償を受けることはできないのでしょうか。

**回答** 交通事故に遭って加害者に損害賠償請求をする場合、自分がどの程度の損害を被ったのかを証明する必要があります。会社員のような給

第3章 傷害・死亡・物損事故の損害賠償額の算定方法

与所得者であれば、月々の給与明細書などを利用することができますが、自営業者の場合はそのような方法が使えないことがあります。そのような場合に利用されるのが、税務関係書類です。税務署に申告した所得額（休業損害を算定する基準となる申告所得額）を示す書類は、被害者が事故に遭わなければどの程度の収入を得ていたはずであったかを示す有力な証拠となります。ただ、自営業者などの中には、税務申告の際に収入を実際よりも少なく申告している人もいます。被害者としては、得られたはずの実際の収入分（実収入）のすべてを休業損害として賠償請求したいところですが、税務署に収入を過少申告していたとすると、所得額の証明のために税務関係の書類が使えないことになります。他の証拠から税務署に申告した所得額を超える収入を得ていることを証明できれば、その分の損害賠償を受けることができますが、それができなければ実収入の損害賠償を受けることは難しいといえます。なお、たとえ実収入を証明することができたとしても、訴訟になれば収入の過少申告が明るみに出ますので、修正申告を求められることになるでしょう。

### 相談18　休業損害と税金

**Case**　交通事故の被害者に対して加害者が休業補償をする場合、被害者が負担する税金分を控除してもらうことはできますか。

**回答**　被害者が給与所得者ではなく、自営業者などの場合は、所得（申告所得額）を得た後に所得税などの税金を支払うので、その税金分まで賠償の対象となるのか（税金分を控除できるか）が問題となります。賠償金は非課税なので、税金分まで賠償することは、かえって被害者に有利になってしまうからです（特に被害者が高額所得者の場合）。

　「損害の公平な負担」という損害賠償制度の趣旨からは、被害者の収入分だけ賠償がなされれば十分なので、税金分は控除すべきとも思われます。しかし、「交通事故の被害にあった者を救済する」という考え方に基づき、税金分を控除しない立場をとるのが判例です（非控除説）。

# 3 傷害事故についての慰謝料の出し方はどうなっているのか

### 本人以外の者が請求できる場合もある

## 精神的な苦痛に対する慰謝料について

　交通事故の被害者となった場合、事故による衝撃や外傷などの肉体的苦痛に加え、どのような方にも程度は異なるとしてもかなりの精神的苦痛を伴うことが予想されます。

　この苦痛を精神的損害として金銭に換算し、被害者に補てん（埋め合わせ）しようというのが慰謝料です。死亡事故・傷害事故・後遺症が残る事故など、どんな事故でも精神的苦痛が発生する余地はありますが、本項目では傷害事故の際に支払われる慰謝料の金額について説明します。

　慰謝料が、被害者に発生した精神的損害に対する埋め合わせという性質をもっている以上、財産的損害と同様に、精神的損害の大きさに比例して、慰謝料の金額も増大するはずです。ただし、精神的損害の場合、治療費や自動車の修理代のように、目に見える形の請求書や領収書が被害者に交付されるわけではないため、損害の大きさを確定しにくいという

問題点があります。そのため、損害賠償請求を行う場合、被害者等の原告側は、慰謝料請求にあたり、具体的な金額を明示して請求に及ぶ必要はないといわれています。

　そこで、実際に損害賠償請求が行われた裁判において、裁判官が自身の裁量の範囲内で、慰謝料の金額を決定することになります。なお、判決において裁判官が、慰謝料の金額を導き出すのに用いた根拠事由について、判決理由で明らかにする必要もないと考えられています。

　また、考慮するべき事情にルールはありません。そこで、実際に被害者が被った損害の程度等をはじめ、被害者側の事情に基づき、慰謝料の額を考慮するというのは、比較的わかりやすいといえます。しかし、実務上では、慰謝料の金額の算定にあたって、被害者側の事情と加害者側の事情という、当事者双方の事情を総合的に考慮して、その金額を決定する方法がとられています。金額を決定する際に考慮される主な事情を

第3章　傷害・死亡・物損事故の損害賠償額の算定方法

57

まとめると、以下のような内容を挙げることができます。

① **被害者側の事情**

ⓐ 負傷した身体の部位とその程度

ⓑ 入院・通院期間など治癒にいたる経過

ⓒ 被害者の資産や収入と生活程度、被害者の家庭内における立場や扶養の関係

ⓓ 年齢、性別、学歴、職業、既婚未婚の別、社会的地位など

② **加害者側の事情**

ⓐ スピード違反、飲酒運転、無免許運転などの不法行為の有無・程度

ⓑ 起こした交通事故について、加害者側に何らかの動機がある場合の当該動機

ⓒ 謝罪や見舞いの有無や示談交渉に誠意はあったかなど、加害者の態度や姿勢

これらの事情を総合的に考慮して、慰謝料を算出することになります。ただ、被害者の多くは慰謝料の計算をしたことがないでしょうから、加害者側の保険会社との間で見解の相違も生じるでしょう。

そこで、参考資料として「入・通院慰謝料表」（26ページ）があります。これは入院と通院の慰謝料を算出する基準を提示している資料で、（公財）日弁連交通事故相談センターの作成によるものです。慰謝料の算出が難しいときに参考してください。

## 自賠責保険や任意保険のケガの慰謝料はどの程度か

示談交渉で、加害者側の保険会社が主張する慰謝料の金額は、原則として自賠責保険基準や任意保険基準によります。これらの基準は「入・通院慰謝料表」よりかなり低いものであり、以下のようになっています。

① **自賠責保険の慰謝料**

自賠責基準では傷害事故の慰謝料は、1日あたり4200円とされています。被害者の負傷の程度や状態、実際に治療に費やした日数などを考慮して、治療期間の範囲内の慰謝料の対象となる日数を決めます。

② **任意保険の慰謝料**

以前は「自動車対人賠償保険支払基準」というものが設定されていましたが、保険自由化により廃止されました。現在、基準設定は各保険会社で個別に行われています。ただ、各社とも以前とほとんど変更されていないようです。

なお、自賠責保険の場合には、治療期間が長期化しても1日あたり4200円で慰謝料を計算します。これ

に対して、任意保険の場合には、治療期間が長期化すると徐々に賠償額を減額するシステムを採用している会社が多いようです。

## 被害者の近親者にも慰謝料請求が認められることがある

　交通事故によって被害者が死亡した場合には、遺族が加害者に慰謝料を請求する場面がよく見られます。この請求は法律的には民法711条に根拠があります。同条によると、他人の生命を侵害した者は、被害者の父母、配偶者と子に対して慰謝料を支払わなければなりません。

　しかし、民法711条では「他人の生命を侵害した」と規定していますので、傷害事故の場合には近親者に固有の慰謝料請求権は認められないようにも思われます。というのも、交通事故による死亡は、近親者にとって家族を永遠に失うので、その精神的苦痛が甚大であることは間違いありません。しかし、傷害事故の場合は被害者自身の精神的苦痛は大きいものですが、それが近親者に及ぶとは考えにくいからです。

　もっとも、判例は「生命侵害に匹敵するほどの精神的苦痛」を近親者が被ったときは、民法709条・710条に基づき、近親者に固有の慰謝料請求が認められるとしています。たとえば、娘が一生回復の見込みがない重度の後遺症を負った場合の両親などがこれにあたります。

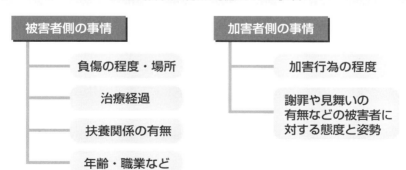

慰謝料算出の際に考慮される事項

# 4 後遺症の場合の損害賠償請求はどうする

賠償額は喪失率と喪失年数で決まる

## 交通事故の後遺症について賠償請求はできるのか

　交通事故による人損は、命まで失わなかったとしても、一時的な被害にとどまらない場合があります。それは後遺症が残った場合です。

　**後遺症**とは、傷害を受けた結果、傷の治療が終わっても、障害が残るものをいいます。代表的なものはむち打ち症ですが、他に失明したり、手や指または足などを切断する場合があります。治療を施せば完治する単なる傷害と異なり、後遺症が残ると今後の人生設計・社会生活に大きな支障をきたします。したがって、後遺症によって生じる損害については、交通事故によって被った傷害についての損害とは別に、加害者に損害賠償の請求ができます。

　そのため、自賠責保険の保険金額算定においても、傷害と後遺障害を分けて考えることになります。ですから、損害賠償を請求する場合には両者を区別して算定します。後遺症があるとき、または後遺症が出そう

なときは、後遺障害等級の認定が出るまでは示談交渉に入らない方がよいでしょう。後遺障害の程度によって、損害賠償額がさらに高額になる可能性があるからです。

　判例も、交通事故で負傷し、損害賠償を求める訴訟を提起して加害者に対する損害賠償を認める判決を得たが、その後に予想外の後遺症が発生し、重度の障害が残って治療費がかかったケースについて、「予想できなかったような後遺症が生じた場合は、当初の損害に対する判決確定後の治療費についても損害賠償を請求できる」という立場をとっています。

## 傷害についての賠償とは別に賠償請求する

　人身事故で身体に受けた損害は、症状が固定するまでの傷害と、症状が固定してこれ以上治療を続けても症状の改善が望めない状態である後遺症（後遺障害）に分けられます。後遺症に対する損害には、積極損害、逸失利益（後遺障害逸失利益）、慰

謝料があります。症状固定後の治療費は原則として認められません。ただし、重度の後遺症が残った場合など、症状固定後も治療を施さないと症状が悪化する可能性がある場合には、症状固定後の治療費も積極損害として認められます。

**逸失利益**は、後遺症が残ったことによって本来獲得できたはずの収入が減少する場合に請求できるものです。むち打ち症が残ったために長時間の労働に耐えられなくなった場合や、片手を失ったために自動車の運転手ができなくなったような場合がこれにあたります。

また、慰謝料は、後遺症（後遺障害）が残ったことから受ける精神的苦痛に対する賠償です。

## 後遺障害の認定はどのような手続きで行われるのか

後遺障害についての損害賠償を請求するためには、被害者の後遺障害が自賠責保険で使用されている「後遺障害別等級表」（65ページ）の第何級に該当するのかを確定しなければなりません。

等級確定の手続きとしては、まず、医師の診断を受けて「後遺障害診断書」を作成してもらいます。次に、加害者の保険会社に後遺障害診断書を提出した上で、等級の認定を請求します。提出された後遺障害診断書は、保険会社から損害保険料率算出機構の調査事務所に回されます。そこで「後遺障害別等級表」に照らして、後遺障害の等級の認定がされることになります。

加害者が任意保険に加入している場合には、原則としてその任意保険会社が後遺障害認定のための手続きの申請を行います。加害者が任意保険に加入していない場合や、損害賠償額に争いがあることを理由として任意保険会社が被害者からの請求に応じない場合には、被害者自身が自賠責保険会社に対して後遺障害認定の手続きを申請します。

後遺障害認定手続きを経てその結果が出た際、加害者の任意保険会社を通じて申請をしていた場合は、その保険会社を通じて通知されます。

一方、被害者が直接申請していた場合には被害者本人に対して通知されます。通常は、後遺障害認定手続きの請求後1か月程度で結果が通知されますが、後遺症の程度の判定が難しい場合には数か月かかることがあります。

第3章 傷害・死亡・物損事故の損害賠償額の算定方法

61

## 後遺障害診断書をもらうときの注意点

後遺障害等級の認定は、多くの場合、提出された後遺障害診断書による書面審査だけで行われます。ですから、医師の診断を受けるときは、自分の症状を正確に伝えることが大切です。補充の資料としてレントゲン写真や経過の診断書の提出を要求されることもあります。なお、傷跡を確かめる場合など、調査員が被害者に直接面談してから認定をすることもあります。

後遺障害診断書をもらい症状が固定したと判断された後は、さらに別の後遺症が発症したとしても、新しく発症した後遺症の治療費を加害者に請求することが難しくなります。

後遺障害診断書は、被害者にどの程度の後遺症が生じているかを証明するものです。そのため、後遺障害診断書をもらう際には、症状や痛みの程度をしっかりと医者に伝えて、後遺障害診断書にすべての後遺症について記載してもらうことが必要です。

## 後遺症が残った場合の慰謝料や介護料の請求

後遺症が残った場合、それにより被った精神的苦痛について慰謝料を請求できます。金額の基準については、自賠責基準よりも「日弁連交通事故相談センター基準」を採用する方が被害者に有利です（26ページ図）。さらに、被害者の障害が「重度後遺障害」の場合、近親者（父母・

### 後遺障害認定の手続きの流れ

```
医師に後遺障害診断書を作成してもらう
            │
   ┌────────┴────────┐
   ▼                 ▼
加害者が任意保険に    加害者が任意保険未加入その他の
加入している          事情により被害者自ら申請する
   │                 │
   ▼                 ▼
加害者が加入する保険会社に  自動車損害賠償責任保険会社に対して
後遺障害診断書を提出する    後遺障害認定の手続きを申請する
   │                 │
   └────────┬────────┘
            ▼
保険会社は損害保険料率算出機構へ資料を送付する
            │
            ▼
損害保険料率算出機構が等級認定を行う
```

配偶者・子）としての固有の慰謝料を請求できます。重度後遺障害とは、①両眼失明、②そしゃく（咀嚼）と言語の機能（口の機能）の全廃、③その他身体の著しい障害（手や足の欠損など）などのことです。

また、後遺症が非常に重く第1級や第2級などに該当する場合は、「介護料」を請求することができます。介護を必要とする期間は、原則として被害者が亡くなるまでです。

## 後遺障害についての慰謝料基準の比較

| 後遺障害等級 | 自賠責基準（万円） | 日弁連交通事故相談センター基準 |
|:---:|:---:|:---:|
| 第1級 | 1,100　※介護を要する場合は1,600 | 2,700～3,100 |
| 第2級 | 958　※介護を要する場合は1,163 | 2,300～2,700 |
| 第3級 | 829 | 1,800～2,200 |
| 第4級 | 712 | 1,500～1,800 |
| 第5級 | 599 | 1,300～1,500 |
| 第6級 | 498 | 1,100～1,300 |
| 第7級 | 409 | 900～1,100 |
| 第8級 | 324 | 750～870 |
| 第9級 | 245 | 600～700 |
| 第10級 | 187 | 480～570 |
| 第11級 | 135 | 360～430 |
| 第12級 | 93 | 250～300 |
| 第13級 | 57 | 160～190 |
| 第14級 | 32 | 90～120 |

第3章　傷害・死亡・物損事故の損害賠償額の算定方法

## 後遺障害別等級表の使い方

　ここでは、次ページ以下にある後遺障害別等級表及び70ページの「全年齢平均給与額及び年齢別平均給与額」を使い、逸失利益の算定の仕方と自賠責保険からの支払金額について見てみましょう。

　まず、後遺障害の程度ごとに労働能力喪失率が定められているので、この労働能力喪失率と被害者の収入、中間利息（将来にわたって得られる利益を現時点で一括してもらうことにより発生する将来までに生じる利息）などを考慮して逸失利益を算出します。この逸失利益は被害者ごとによって異なります。逸失利益の算定にあたっては、生涯にわたって全年齢平均給与額（70ページ上表）の年相当額を得られる可能性があるかどうかを考慮し、原則として、有職者の逸失利益については、実際の年収額と年齢別平均給与額（70ページ下表）の年相当額の高い額を収入額とします。

　次に、後遺障害の程度によって定型化されている慰謝料額を確認します。実際の慰謝料の額は被害者がどのような人物かで異なりますが、自賠責でカバーされる慰謝料の額は、該当する等級が同じであれば被害者が誰であっても同じです。自賠責保険から支払われる保険金額は、このようにして算出された逸失利益と慰謝料等の合計額です。

　たとえば第8級の後遺障害が残り、労働能力が45％喪失した結果、逸失利益が400万円だったとします。これに第8級の慰謝料324万円を加算した724万円が自賠責によって支払われます。

　しかし、もし被害者の逸失利益が600万円だとすると、324万円を加えた924万円は8級の支払限度額である819万円を超えてしまいます。このような場合、自賠責からは819万円しか支払われないので、924万円との差額である105万円について、加害者は任意保険によって支払うことになります。任意保険に入っていなかった場合には、105万円を自分の費用で支払うことになります。

## 後遺障害別等級表

| 等級 | 介護を要する後遺障害 | 保険金額<br>(内慰謝料)(万円) | 労働能力<br>喪失率 |
|---|---|---|---|
| 第1級 | 1. 神経系統の機能又は精神に著しい障害を残し、常に介護を要するもの<br>2. 胸腹部臓器の機能に著しい障害を残し、常に介護を要するもの | 4,000<br>(1,600) | $\frac{100}{100}$ |
| 第2級 | 1. 神経系統の機能又は精神に著しい障害を残し、随時介護を要するもの<br>2. 胸腹部臓器の機能に著しい障害を残し、随時介護を要するもの | 3,000<br>(1,163) | $\frac{100}{100}$ |
| 備考 | 各等級の後遺障害に該当しない後遺障害であって、各等級の後遺障害に相当するものは、当該等級の後遺障害とする | | |

| 等級 | 後遺障害 | 保険金額<br>(内慰謝料)(万円) | 労働能力<br>喪失率 |
|---|---|---|---|
| 第1級 | 1. 両眼が失明したもの<br>2. 咀嚼及び言語の機能を廃したもの<br>3. 両上肢をひじ関節以上で失ったもの<br>4. 両上肢の用を全廃したもの<br>5. 両下肢をひざ関節以上で失ったもの<br>6. 両下肢の用を全廃したもの | 3,000<br>(1,100) | $\frac{100}{100}$ |
| 第2級 | 1. 1眼が失明し、他眼の視力が0.02以下になったもの<br>2. 両目の視力が0.02以下になったもの<br>3. 両上肢を手関節以上で失ったもの<br>4. 両下肢を足関節以上で失ったもの | 2,590<br>(958) | $\frac{100}{100}$ |
| 第3級 | 1. 1眼が失明し、他眼の視力が0.06以下になったもの<br>2. 咀嚼又は言語の機能を廃したもの<br>3. 神経系統の機能又は精神に著しい障害を残し、終身労務に服することが出来ないもの<br>4. 胸腹部臓器の機能に著しい障害を残し、終身労務に服することができないもの<br>5. 両手の手指の全部を失ったもの | 2,219<br>(829) | $\frac{100}{100}$ |
| 第4級 | 1. 両眼の視力が0.06以下になったもの<br>2. 咀嚼及び言語の機能に著しい障害を残すもの<br>3. 両耳の聴力を全く失ったもの<br>4. 1上肢をひじ関節以上で失ったもの<br>5. 1下肢をひざの関節以上で失ったもの<br>6. 両手の手指の全部の用を廃したもの<br>7. 両足をリスフラン関節以上で失ったもの | 1,889<br>(712) | $\frac{92}{100}$ |

| 第5級 | 1．1眼が失明し、他眼の視力が0.1以下になったもの<br>2．神経系統の機能又は精神に著しい障害を残し、特に軽易な労務以外の労務に服することができないもの<br>3．胸腹部臓器の機能に著しい障害を残し、特に軽易な労務以外の労務に服することができないもの<br>4．1上肢を手関節以上で失ったもの<br>5．1下肢を足関節以上で失ったもの<br>6．1上肢の用を全廃したもの<br>7．1下肢の用を全廃したもの<br>8．両足の足指の全部を失ったもの | 1,574<br>(599) | 79/100 |
|---|---|---|---|
| 第6級 | 1．両眼の視力が0.1以下になったもの<br>2．咀嚼又は言語の機能に著しい障害を残すもの<br>3．両耳の聴力が耳に接しなければ大声を解することができない程度になったもの<br>4．1耳の聴力を全く失い、他耳の聴力が40センチメートル以上の距離では普通の話声を解することができない程度になったもの<br>5．脊柱に著しい変形又は運動障害を残すもの<br>6．1上肢の3大関節中の2関節の用を廃したもの<br>7．1下肢の3大関節中の2関節の用を廃したもの<br>8．1手の5の手指又はおや指を含み4の手指を失ったもの | 1,296<br>(498) | 67/100 |
| 第7級 | 1．1眼が失明し、他眼の視力が0.6以下になったもの<br>2．両耳の聴力が40センチメートル以上の距離では普通の話声を解することができない程度になったもの<br>3．1耳の聴力を全く失い、他耳の聴力が1メートル以上の距離では普通の話声を解することができない程度になったもの<br>4．神経系統の機能又は精神に障害を残し、軽易な労務以外の労務に服することができないもの<br>5．胸腹部臓器の機能に障害を残し、軽易な労務以外の労務に服することができないもの<br>6．1手のおや指を含み3の手指を失ったもの又はおや指以外の4の手指を失ったもの<br>7．1手の5の手指又はおや指を含み4の手指の用を廃したもの<br>8．1足をリスフラン関節以上で失ったもの<br>9．1上肢に偽関節を残し、著しい運動障害を残すもの<br>10．1下肢に偽関節を残し、著しい運動障害を残すもの<br>11．両足の足指の全部の用を廃したもの<br>12．外貌に著しい醜状を残すもの<br>13．両側の睾丸を失ったもの | 1,051<br>(409) | 56/100 |

| | | | |
|---|---|---|---|
| 第8級 | 1.1眼が失明し、または1眼の視力が0.02以下になったもの<br>2.脊柱に運動障害を残すもの<br>3.1手のおや指を含み2の手指を失ったもの又はおや指以外の3の手指を失ったもの<br>4.1手のおや指を含み3の手指の用を廃したもの又はおや指以外の4の手指の用を廃したもの<br>5.1下肢を5センチメートル以上短縮したもの<br>6.1上肢の3大関節中の1関節の用を廃したもの<br>7.1下肢の3大関節中の1関節の用を廃したもの<br>8.1上肢に偽関節を残すもの<br>9.1下肢に偽関節を残すもの<br>10.1足の足指の全部を失ったもの | 819<br>(324) | $\dfrac{45}{100}$ |
| 第9級 | 1.両眼の視力が0.6以下になったもの<br>2.1眼の視力が0.06以下になったもの<br>3.両眼に半盲証、視野狭窄又は視野変状を残すもの<br>4.両眼のまぶたに著しい欠損を残すもの<br>5.鼻を欠損し、その機能に著しい障害を残すもの<br>6.咀嚼及び言語の機能に障害を残すもの<br>7.両耳の聴力が1メートル以上の距離では普通の話声を解することができない程度になったもの<br>8.1耳の聴力が耳に接しなければ大声を解することができない程度になり、他耳の聴力が1メートル以上の距離では普通の話声を解することが困難である程度になったもの<br>9.1耳の聴力を全く失ったもの<br>10.神経系の機能又は精神に障害を残し、服することができる労務が相当な程度に制限されるもの<br>11.胸腹部臓器の機能に障害を残し、服することができる労務が相当な程度に制限されるもの<br>12.1手のおや指又はおや指以外の2の手指を失ったもの<br>13.1手のおや指を含み2の手指の用を廃したもの又はおや指以外の3の手指の用を廃したもの<br>14.1足の第1の足指を含み2以上の足指を失ったもの<br>15.1足の足指の全部の用を廃したもの<br>16.外貌に相当程度の**醜状を残すもの**<br>17.生殖器に著しい障害を残すもの | 616<br>(245) | $\dfrac{35}{100}$ |
| 第10級 | 1.1眼の視力が0.1以下になったもの<br>2.正面を見た場合に複視の症状を残すもの<br>3.咀嚼又は言語の機能に障害を残すもの<br>4.14歯以上に対し歯科補綴を加えたもの<br>5.両耳の聴力が1メートル以上の距離では普通の話声を解することが困難である程度になったもの | 461<br>(187) | $\dfrac{27}{100}$ |

| | | | |
|---|---|---|---|
| | 6 .1耳の聴力が耳に接しなければ大声を解することができない程度になったもの<br>7 .1手のおや指又はおや指以外の2の手指の用を廃したもの<br>8 .1下肢を3センチメートル以上短縮したもの<br>9 .1足の第1の足指又は他の4の足指を失ったもの<br>10 .1上肢の3大関節中の1関節の機能に著しい障害を残すもの<br>11 .1下肢の3大関節中の1関節の機能に著しい障害を残すもの | | |
| 第11級 | 1 . 両眼の眼球に著しい調節機能障害又は運動障害を残すもの<br>2 . 両眼のまぶたに著しい運動障害を残すもの<br>3 .1眼のまぶたに著しい欠損を残すもの<br>4 .10歯以上に対し歯科補綴を加えたもの<br>5 . 両耳の聴力が1メートル以上の距離では小声を解することができない程度になったもの<br>6 .1耳の聴力が40センチメートル以上の距離では普通の話し声を解することができない程度になったもの<br>7 . 脊柱に変形を残すもの<br>8 .1手のひとさし指、なか指又はくすり指を失ったもの<br>9 .1足の第1の足指を含み2以上の足指の用を廃したもの<br>10 . 胸腹部臓器の機能に障害を残し、労務の遂行に相当な程度の支障があるもの | 331<br>(135) | 20<br>100 |
| 第12級 | 1 .1眼の眼球に著しい調節機能障害又は運動障害を残すもの<br>2 .1眼のまぶたに著しい運動障害を残すもの<br>3 .7歯以上に対し歯科補綴を加えたもの<br>4 .1耳の耳殻の大部分を欠損したもの<br>5 . 鎖骨、胸骨、肋骨、けんこう骨又は骨盤骨に著しい変形を残すもの<br>6 .1上肢の3大関節中の1関節の機能に障害を残すもの<br>7 .1下肢の3大関節中の1関節の機能に障害を残すもの<br>8 . 長管骨に変形を残すもの<br>9 .1手のこ指を失ったもの<br>10 .1手のひとさし指、なか指又はくすり指の用を廃したもの<br>11 .1足の第2の足指を失ったもの、第2の足指を含み2の足指を失ったもの又は第3の足指以下の3の足指を失ったもの<br>12 .1足の第1の足指又は他の4の足指の用を廃したもの<br>13 . 局部に頑固な神経症状を残すもの<br>14 . 外貌に醜状を残すもの | 224<br>(93) | 14<br>100 |

| 第13級 | 1．1眼の視力が0.6以下になったもの<br>2．正面以外を見た場合に複視の症状を残すもの<br>3．1眼に半盲症、視野狭窄又は視野変状を残すもの<br>4．両眼のまぶたの一部に欠損を残し又はまつげはげを残すもの<br>5．5歯以上に対し歯科補綴を加えたもの<br>6．1手のこ指の用を廃したもの<br>7．1手のおや指の指骨の一部を失ったもの<br>8．1下肢を1センチメートル以上短縮したもの<br>9．1足の第3の足指以下の1又は2の足指を失ったもの<br>10．1足の第2の足指の用を廃したもの、第2の足指を含み2の足指の用を廃したもの又は第3の足指以下の3の足指の用を廃したもの<br>11．胸腹部臓器の機能に障害を残すもの | 139<br>（57） | $\dfrac{9}{100}$ |
|---|---|---|---|
| 第14級 | 1．1眼のまぶたの一部に欠損を残し又はまつげはげを残すもの<br>2．3歯以上に対し歯科補綴を加えたもの<br>3．1耳の聴力が1メートル以上の距離では小声を解することができない程度になったもの<br>4．上肢の露出面に手のひらの大きさの醜いあとを残すもの<br>5．下肢の露出面に手のひらの大きさの醜いあとを残すもの<br>6．1手のおや指以外の手指の指骨の一部を失ったもの<br>7．1手のおや指以外の手指の遠位指節間関節を屈伸することができなくなったもの<br>8．1足の第3の足指以下の1又は2の足指の用を廃したもの<br>9．局部に神経症状を残すもの | 75<br>（32） | $\dfrac{5}{100}$ |

**備考**
1．視力の測定は、万国式試視力表による。屈折異状のあるものについては、矯正視力について測定する。
2．手指を失ったものとは、おや指は指節間関節、その他の手指は近位指節間関節以上を失ったものをいう。
3．手指の用を廃したものとは、手指の末節骨の半分以上を失い、又は中手指節関節若しくは近位指節間関節（おや指にあっては、指節間関節）に著しい運動障害を残すものをいう。
4．足指を失ったものとは、その全部を失ったものをいう。
5．足指の用を廃したものとは、第1の足指は末節骨の半分以上、その他の足指は遠位指節間関節以上を失ったもの又は中足指節関節若しくは近位指節間関節（第1の足指にあっては、指節間関節）に著しい運動障害を残すものをいう。
6．各等級の後遺障害に該当しない後遺障害であって、各等級の後遺障害に相当するものは、当該等級の後遺障害とする。

※表中（ ）内の慰謝料額については事情によって額が変動する場合があります。
　まず、自動車損害賠償保障法施行令別表第1の該当者であって被扶養者がいるときには、第1級については1,800万円、第2級については1,333万円となります。　次に、自動車損害賠償保障法施行令別表第2第1級、第2級又は第3級の該当者であって被扶養者がいるときには、第1級については1,300万円、第2級については1,128万円、第3級については973万円となります。
　また、自動車損害賠償保障法施行令別表第1に該当する場合は、初期費用等として、第1級には500万円、第2級には205万円が加算されます。

# 全年齢平均給与額及び年齢別平均給与額

全年齢平均給与額（平均月額）

| 男子 | 415,400 | 女子 | 275,100 |
|---|---|---|---|

年齢別平均給与額（平均月額）

| 年齢 | 男子 | 女子 | 年齢 | 男子 | 女子 |
|---|---|---|---|---|---|
| 歳 | 円 | 円 | 歳 | 円 | 円 |
| 18 | 187,400 | 169,600 | 44 | 482,000 | 298,800 |
| 19 | 199,800 | 175,800 | 45 | 485,600 | 296,500 |
| 20 | 219,800 | 193,800 | 46 | 489,300 | 294,300 |
| 21 | 239,800 | 211,900 | 47 | 492,900 | 292,000 |
| 22 | 259,800 | 230,000 | 48 | 495,500 | 291,800 |
| 23 | 272,800 | 238,700 | 49 | 498,100 | 291,700 |
| 24 | 285,900 | 247,400 | 50 | 500,700 | 291,600 |
| 25 | 298,900 | 256,000 | 51 | 503,300 | 291,400 |
| 26 | 312,000 | 264,700 | 52 | 505,800 | 291,300 |
| 27 | 325,000 | 273,400 | 53 | 500,700 | 288,500 |
| 28 | 337,300 | 278,800 | 54 | 495,500 | 285,600 |
| 29 | 349,600 | 284,100 | 55 | 490,300 | 282,800 |
| 30 | 361,800 | 289,400 | 56 | 485,200 | 280,000 |
| 31 | 374,100 | 294,700 | 57 | 480,000 | 277,200 |
| 32 | 386,400 | 300,100 | 58 | 455,400 | 269,000 |
| 33 | 398,000 | 301,900 | 59 | 430,900 | 260,900 |
| 34 | 409,600 | 303,700 | 60 | 406,300 | 252,700 |
| 35 | 421,300 | 305,500 | 61 | 381,700 | 244,500 |
| 36 | 432,900 | 307,300 | 62 | 357,200 | 236,400 |
| 37 | 444,500 | 309,100 | 63 | 350,100 | 236,400 |
| 38 | 450,500 | 307,900 | 64 | 343,000 | 236,400 |
| 39 | 456,600 | 306,800 | 65 | 336,000 | 236,500 |
| 40 | 462,600 | 305,600 | 66 | 328,900 | 236,500 |
| 41 | 468,600 | 304,500 | 67 | 321,800 | 236,500 |
| 42 | 474,700 | 303,300 | 68〜 | 314,800 | 236,600 |
| 43 | 478,300 | 301,000 | | | |

（注）本表は、平成 12 年賃金センサス第 1 巻第 1 表産業計（民・公営計）によりもとめた企業規模 10 〜 999 人・学歴計の年齢階層別平均給与額（含臨時給与）をその後の賃金動向を反映して 0.999 倍したものである。
※国土交通省、自賠責保険ポータルサイトの参考資料『全年齢平均給与額』を引用

**相談19** 恐怖心で車に乗れなくなった場合、損害賠償請求できるのか

**Case** 私は、数か月前に交通事故に遭いました。そのとき、身体に傷を負ったのですが、それは病院で治療することで完治しました。しかし、交通事故に遭った後、また交通事故に遭うのではないかという恐怖心に包まれてしまい、車に乗れなくなってしまいました。PTSDを原因として加害者に損害賠償請求ができないのでしょうか。

**回答** PTSDとは、心的外傷後ストレス障害のことをいい、事件や事故により心に傷を負うことで生じるさまざまな疾患のことをいいます。たとえば、電車に乗っていて事故に遭い、身体のケガが治った後も恐怖心から電車に乗ると目まいや吐き気を起こすようになるといった症状が挙げられます。このような場合、通勤できなくなり仕事を辞めるなど、日常生活に支障をきたすこともあります。実際の訴訟においても、被害者にPTSDが残ったと認定して、PTSDについての損害賠償をするよう加害者に命じた判決が出ています。しかし、多くの判決ではPTSDを原因とする損害賠償を否定しています。まず、PTSDにかかっていることを証明することが難しく、多くの訴訟で被害者のPTSDの発症自体が認定されていません。また、実際にPTSDの発症が裁判所で認定されたとしても、それが被害者の生活にどのような影響を与え、被害者がどの程度の損害を被っているかを証明することも容易ではありません。さらに、PTSDは時間の経過と共に治癒する可能性があり、それを理由として加害者は損害賠償額を低く抑えるように主張します。このように、PTSDを原因とする損害賠償請求には困難が伴うので、専門家のアドバイスをもとに行動することが必要です。

**相談20** 交通事故で寝たきりの植物状態になった場合、どのような請求ができるのか

**Case** 私の夫は交通事故に遭って、生きてはいるものの自分では動け

ず声も出せない、いわゆる植物状態となってしまいました。この場合、加害者に対してどのような請求が可能でしょうか。

**回答** 交通事故による外傷の治療が終了すると、治療費や休業損害に関する損害賠償の請求はできなくなります。

しかし、外傷の治療は終わっても、身体を動かすことも言葉を発することもできない植物状態となってしまった人は、他の人の手助けがなければ生きられません。そのため、交通事故の被害者が植物状態となってしまった場合には、被害者の家族が介護をすることになります。その介護のための費用を加害者に対して請求することができます。

また、植物状態となってしまった人は入院して生活するか、自宅で家族に世話をしてもらうかのどちらかになりますが、入院を選択した場合には加害者に対して入院費を請求できます。

さらに、被害者は植物状態になってしまうことで、働いて収入を得ることができなくなってしまいます。そのため、事故に遭わなければ働いて得ることができたはずの収入分（逸失利益）について、加害者に対して損害賠償請求をすることができます。

慰謝料の請求も可能です。交通事故によって植物状態になってしまった場合、被害者が大きな精神的苦痛を受けていることは言うまでもありません。そのため、植物状態になってしまった被害者は、加害者に対して慰謝料の請求が可能です。

**相談21** 男性と女性で後遺障害の程度が異なることはあるのか

**Case** 先日、私たち夫婦は交通事故に巻き込まれてしまいました。その事故では、私も夫も顔に傷を負いました。顔に傷を受けた場合、男性よりも女性の方が損害賠償額が高くなると聞いたのですが、本当ですか。

**回答** 夫婦で同じ車に乗っていていっしょに事故に遭い、顔面に同じような傷を負った場合、通常は妻である女性の方が損害賠償額が大きく

72

なります。男性よりも女性の方が、見た目が悪くなってしまうことで受ける不利益が大きいと考えられているためです。顔に傷を受けることによる収入への影響も、男性よりも女性の方が大きいとされています。たとえば、女性が女優業やファッションモデルを仕事としているのであれば、顔に傷を受けることで収入が大幅に減ると予想されます。また、接客が多い仕事であれば、女優ほどではなくても顔に傷があることで仕事に支障が出てしまう可能性が高いといえます。そのため、顔の傷の影響によって減った収入額分を、加害者は賠償する必要があります。

これに対して、男性も職業が俳優であったり、接客が多い仕事であれば、仕事に支障が出る可能性がありますが、女性ほど大きな影響はないと考えられており、損害賠償額は女性と比較して低くなります。

また、慰謝料の額も、被害者が男性の場合の方が女性の場合よりも低くなる可能性が高いといえます。男性よりも女性の方が、顔の傷が原因となって受ける精神的苦痛の程度が大きいと考えられているためです。

### 相談22 認知障害や人格の変化等の障害が残った場合

**Case** 3か月前に交通事故に遭い、治療後、退院して仕事にも復帰しました。しかし、普段の生活の中で認知障害や感情が不安定になるなど人格の変化がある場合、加害者に損害賠償を請求できますか。

**回答** 事故で頭部を負傷して脳が損傷すると、その結果として物忘れが激しくなる、感情が不安定になるなどの症状が出ることがあります。これを高次脳機能障害といいます。高次脳機能障害は、後遺症として問題となります。そのため、一般的に後遺症が出た場合と同じように、後遺症を治療するための費用や、後遺症が出ることで減ってしまった収入額などについて、加害者に対して損害賠償請求ができます。なお、高次脳機能障害は自賠責保険の対象となっていますので、手続きを踏めば保険金の給付を受けることができます。

# 5 死亡事故の場合の損害賠償額の支払基準を知っておこう

積極損害には死亡までの医療関係費、葬儀、交通費などの雑費がある

## 死亡事故がもたらす影響は大きい

　交通事故がもたらす被害の中でも最も深刻なのが、死亡事故です。死亡事故によって生じる損害は、①積極損害、②逸失利益、③慰謝料です。このうち死亡事故の積極損害とは、具体的にはⓐ死亡までの医療関係費、ⓑ葬儀関係費、ⓒ交通費などの雑費です。まずは積極損害の具体的な内容を見ていきましょう。

## 亡くなるまでに払った費用

　同じ交通事故死であっても、死亡までの経緯によって、遺族が加害者に請求できる損害賠償の内容に違いが生じてきます。

　交通事故が原因で亡くなった経緯は、2つのパターンに分けることができます。1つは即死の場合で、もう1つは、手術や治療を試みたものの亡くなってしまった場合です。即死の場合であれば、運ばれた病院で生命活動が本当に停止したか確認することになるので、その際かかる費用が医療関係費になります。

　一方、入院して治療行為を受けた後に死亡した場合は、死亡に至るまでの傷害に対しての損害賠償額を計算することになります。つまり、治療費（手術代を含む）、入院費、付添看護を受けた場合には付添看護費、入院雑費、交通費など実際に支出した費用の他、休業損害や慰謝料についても、即死の場合の損害賠償額に加算して請求することができます。

## 葬儀費用などの諸費用

　最近では、葬儀にかかる費用も一種の損害とみなして加害者に対する請求が認められています。葬儀費用とみなされる範囲ですが、まず、病院からの死体運搬費があります。また、火葬費、葬儀業者に支払った費用、自動車代、僧侶へのお布施などが葬儀費用に含まれます。ただ、香典返しは弔問客から受けた贈与へのお返しであり損害にはあたらないため、加害者には請求できませんし、弔問客接待費についても請求できません。なお、初七日や四十九日での

74

読経料、回向料などの法要費は葬儀費用に含まれます。仏壇購入費やお墓の設置費用については、葬儀費用に若干加算されるケースや一部を別途認めるケースはあります。

　葬儀費用も定額化されてきており、裁判所では130〜170万円程度の認定がなされることが多いようです。もちろん葬儀にもさまざまなケースがあり、具体的な事例によって認められる金額は異なってきます。実際の支払いについては自賠責基準では葬儀費は60〜100万円とされているため、それを超える費用については、加害者は任意保険または自分の費用で支払うことになります。

## 逸失利益はどうやって算出するか

　死亡事故の場合の逸失利益（死亡逸失利益）とは、被害者が事故にあわずに生き続けていた場合に、67歳になるまでの間（就労可能年数）に取得したと推測される利益（収入）のことをいいます。この67歳という年齢は、裁判所や保険会社が一般の人が働いていられる年齢の上限として認めているものです。被害者の推測される収入の証明は、損害賠償請求をする相続人がしなければなりません。そのため、資料を集めることが必要です。

## まずは被害者の年収を割り出す

　逸失利益の算定にあたっては、まずは被害者の年収を割り出します。被害者の年収の算定方法については、被害者の実際の年収を基礎として割り出す方法と、統計による平的年収を基礎として割り出す方法があります。被害者によって従事していた職業もさまざまですから、職種に応じて算定の方法が異なってきます。

### 死亡事故によって生じる損害の分類

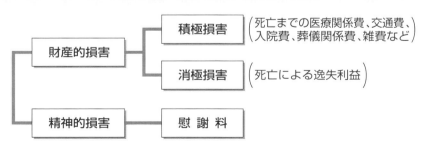

### ① 公務員や会社員の場合

公務員や会社員の場合は、収入が比較的安定しており、かつ客観的な証明も可能であるため、算出は容易です。被害者の勤務先の発行する源泉徴収票や休業損害証明書などで証明することになります。

退職金については、定年まで勤務すれば得られたであろう退職金額との差額を逸失利益として請求します。ただ、中間利息は控除することになります。定年退職後の収入については、退職時の収入の一定割合（50％～70％）を基礎にして算出したり、67歳までの賃金センサスによって算出します。

### ② 自営業者や自由業の場合

被害者が自営業者の場合は前年度の申告所得額が算出の根拠となります。ただ、実際には税務署への申告額以上の実収入があった場合は、相続人が帳簿や領収書などを使ってそれを証明します（56ページ）。この点が給与所得者と違い難しい点です。

### ③ 農漁業従事者の場合

農漁業従事者も前年度の申告所得額によって証明するのが原則です。

農業従事者による農業所得の申告は、「収支計算」によって行います。収支計算は、実際の収入金額から必要経費を差し引いて所得を算出する方法です。また、漁業従事者が確定申告をしていない場合などには、帳簿など収入を証明する書類があればそれを証拠としますが、そのような書類がないときは、漁業組合や網元の証明書などによって所得を証明することになります。

### ④ 専業主婦の場合

仕事をしている①～③の者であれば、交通事故に遭って働くことができなくなったために失った収入の額を損害額として加害者に損害賠償請求ができます。一方、専業主婦が交通事故に遭った場合、専業主婦は仕事をしていないため、収入を基準として損害額を算定することはできません。

しかし、専業主婦の家事労働も社会の中で金銭的に評価することは可能です。そのため、専業主婦が交通事故に遭った場合は、家事ができなくなったことを理由として加害者に対して損害賠償請求ができます。具体的には、賃金センサスで定められている、産業計・企業規模計・学歴計の女性労働者全年齢平均賃金を基準として、損害額を算定します（平成29年の場合、年収377万8200円）。たとえば、交通事故により入院して

いる間は家事ができないので、その期間中の損害額が女性労働者全年齢平均賃金を参考に算定されるということです。

なお、交通事故に遭った時点で無職であった者についても、労働能力や労働意欲があれば、原則として働けなかったことで失った収入分の損害賠償請求が認められます。逆に、労働意欲がまったくないために無職の者は、収入分の損害賠償が認められない可能性が高いといえます。

## 年間消費支出額や就労可能年数から調整する

被害者の年収を割り出した上で、以下のように調整します。

・被害者の年間消費支出を出す

被害者が生存していたとしても、生活のために収入の一部を消費しているはずですから、次ページの基準に沿って算出した年収から被害者の年間消費支出額を差し引き、年間純利益を算出します。

生活費の控除額について、（公財）日弁連交通事故相談センターの「民事交通事故訴訟損害賠償額算定基準」（通称「赤い本」と呼ばれます）では、①一家の支柱については30～40％、②女子（女児、主婦、独身を含む）については30％、③男子（男児、独身を含む）については50％、とされています。

・被害者の就労可能年数を乗じる

年間純利益に就労可能年数を掛けます。具体的には、死亡時の年齢から67歳までの年数を就労可能年数とします。ただし、被害者の年齢が67

## 逸失利益を算定する場合の流れ

死亡した被害者の年収を算出

被害者の年間消費支出額（定型化されている）を算出

年収から年間消費支出額を差し引いて年間純利益を算出

被害者の就労可能年数（67歳になるまでの年数）を算出

年間純利益に就労可能年数を掛ける
（ライプニッツ式計算法によって中間利息を差引く）

歳以上の場合は平均余命の2分の1、67歳に近い場合（主婦を含む）は平均余命の2分の1と67歳までの年数のうちいずれか長期、幼児や未成年者の場合は原則として18歳から67歳までの49年間とします。

・中間利息の控除

被害者は、将来の収入を損害賠償金として一度に受け取る結果、多額の金銭を運用することで利息を得ることが可能になります。この運用分の利息（中間利息）は控除しなければ不公平といえます。

控除方法には「ホフマン式」「ライプニッツ式」といった方法がありますが、裁判所はライプニッツ式という計算方法（死亡年齢に該当する

係数を掛ける）により、複利計算で年利5％分（下記のように民法改正の施行後は年利3％分）を利子分として控除することが多いようです。

なお、平成29年の民法改正（2020年4月施行予定）では、中間利息は法定利率によるとし、法定利率を施行日に3％とした上で、3年ごとに市場金利に照らして変動させるという制度を採用しました。法定利率が下がることで、受領できる利息は減りますが、逆に法定利率が下がることで、中間利息の控除額が減り、結果的に逸失利益の額が大きくなるため、交通事故の被害者が受け取る賠償金や保険金が増えることになります。

## 死亡の場合の逸失利益の計算方法

| | | | |
|---|---|---|---|
| ① | 収入金額 | 給与所得者 | 事故前の現実の収入額 |
| | | 事業所得者 | 事業収入に占める本人の寄与分相当額 |
| | | 家事従事者 | 賃金センサスの女子労働者全年齢平均賃金 |
| | | 幼児・学生など | 賃金センサスの男女別全年齢平均賃金 |
| | | 無職者 | 男子または女子労働者の全年齢平均賃金 |
| ② | 生活費控除 | 一家の支柱 | 被扶養者1人の場合 40%<br>被扶養者2人以上の場合 30% |
| | | 男子（独身、幼児も含む） | 50%を収入額より控除 |
| | | 女子（主婦、独身、幼児含む） | 30%を収入額より控除 |
| ③ | 就労可能年数は<br>67歳までの年数 | | ただし、67歳に近い者（主婦を含む）は67歳までの<br>年数と平均余命の2分の1のいずれか長期の年数 |

**計算式** 逸失利益＝収入金額（①）×（1－生活費控除率②）×就労可能年数（③）に対応するライプニッツ係数

## 相談23 交通事故と医療ミスが重なった場合

**Case** 私の娘は、自転車で横断歩道を渡っているときに車にはねられ、すぐにD病院に運ばれました。検査の結果、E医師に軽いねんざと診断され、入院の必要はないと言われたので、その日のうちに帰宅しました。ところが、その夜、娘はケイレンを引き起こし、意識を失ったため、救急車を呼びましたが、病院に着いたときには、すでに死んでいました。司法解剖の結果、頭部に損傷があったことがわかりました。E医師が診断を誤らなければ、娘は助かっていたかもしれないと思うととても残念です。事故の加害者とは別にE医師またはD病院に対して、損害賠償を請求することはできますか。

**回答** 司法解剖の結果、頭部に損傷があったことが判明したので、病院の医師が診断を誤らなければ、被害者は助かっていたかもしれないというケースです。このような交通事故の加害者の行為と、その後の医療ミスの加害者の行為は、共同不法行為として考えることができます。

本来、損害賠償請求には、加害行為と損害との間に因果関係が必要です。しかし、加害者、医療ミスを犯した医師・病院側いずれの行為が、決定的に死亡に関与したかが不明な場合があるため、この場合にも被害者を救済するため、共同不法行為として認められます。したがって、被害者（被害者が亡くなった場合は被害者の遺族）は、被った損害の全額について、交通事故の加害者だけではなく、医師に対しても損害賠償の請求ができます。たとえば、事故によって被った損害額が3000万円とすれば、交通事故の加害者に対して、3000万円全額の損害賠償を請求することができると共に、医療ミスをした医師に対して、同じように3000万円全額の損害賠償を請求することもできます。さらに、医師とは別にその医師の勤める病院に対して、3000万円全額について使用者責任に基づく損害賠償を請求することができます。これは被害者を保護する必要があるという観点から、確実に損害賠償を受けることができるようにするための配慮といえます。

## 相談24 子どもの学業成績は、逸失利益の金額に影響を与えるのか

**Case** 私には小学生の娘がいたのですが、先日、交通事故に遭って死亡してしまいました。娘はとても優秀で成績も良く、周囲からも「必ず有名大学に進学できる」と太鼓判を押されていました。そのため、娘が優秀だったことを理由として、加害者に請求する損害賠償の額を大きくしたいのですが。

**回答** 子どもが交通事故によって死亡した場合、親は子どもに代わって（子どもの相続人として）、子どもが順調に成長して働いていれば得られたであろう収入額（これを逸失利益といいます）についても、加害者に対して損害賠償請求できます。この場合、仮に交通事故で死亡した小学生の子どもが優秀で成績が良く、周囲からも「必ず有名大学に進学できる」と太鼓判を押されていたような場合に、逸失利益の金額が平均賃金よりも高く計算されるのかが問題となります。

しかし、死亡した子どもの成績が優秀だったとしても、その子の進路や将来の収入額などについては、その時にならないとわかりません。もちろん、大企業に就職が内定していた大学生が交通事故に遭ったというケースであれば、その大企業で働き続けた可能性が高いので、その大企業で支払われている賃金を基準として損害賠償額が決まることもあり得ます。しかし、将来どの程度の収入を得るか予想できない年齢（小学生はこれにあたります）の場合には、大卒者の平均賃金ではなく全労働者の平均賃金をもとにして損害賠償額を算出することになります。

なお、従来は18歳未満の女子の年少者が死亡した場合、男女別の女子労働者の平均賃金で算定する方式が採用されていましたが、近年の裁判例では、男女をあわせた全労働者の平均賃金で算定する方式が採用される傾向にあります。たとえば、平成29年の賃金センサスに従うと、全労働者の平均賃金である491万1500円をもとにして算出することになります。

# 6 死亡慰謝料はどのようにして算定するのか

慰謝料については強制保険と任意保険では別の定め方をしている

## 死亡者1名あたりについての金額の基準がある

　慰謝料とは、被害者が交通事故などの不法行為により被った精神的苦痛を金銭に見積もり、損害（精神的損害）として算出したものです。慰謝料算出の際は、被害者の年齢、収入、社会的地位、家族構成、経済的に家族に与える影響、死亡に至るまでの苦痛の程度などを総合的に考慮して判断します。

　しかし、これらの要素も被害者によってまちまちです。算出に際しては、人によって判断の違いが生じやすく、示談交渉の場でも争いの元になりやすいものです。

　そこで、公平な損害賠償を実現するために、慰謝料を客観的に計算できるよう定額化されています（公財）。日弁連交通事故相談センターでは「交通事故損害額算定基準」（日弁連基準）を設定しています。

　この算定基準で提示されているのは、死亡者1名あたりについての金額で、死亡した者の年齢、家族構成などにより異なった金額を定めています。なお、慰謝料には、死亡した被害者本人の慰謝料（これを遺族が相続します）と遺族自身の慰謝料の両方が含まれます。

### ① 死亡した者が一家の支柱の場合

　一家の支柱とは「被害者の家庭が主に被害者の収入で生活をしていること」です。慰謝料は2700〜3100万円で設定されています。

### ② 死亡した者が一家の支柱に準ずる場合

　一家の支柱に準ずる者とは、家事をする主婦、養育が必要な子供をもつ母親、独身者でも高齢な父母や幼い弟妹を扶養している者などです。慰謝料は2400〜2700万円で設定されています。

### ③ 上記以外の場合

　①②のいずれにも該当しない場合です。慰謝料は2000〜2400万円で設定されています。

　なお、被害者が死亡した場合、被害者本人の慰謝料は相続人が相続します。また、死亡した被害者の近親

者（被害者の父母・配偶者・子）自身にも固有の慰謝料請求権が認められています（民法711条）。事故で突然身内を失った近親者は、精神的にも経済的にも大きな苦痛を負うため、自分自身の慰謝料を請求できます。

また、妊娠している妻が交通事故に遭い、胎児が流産や死産に至った場合には、妻（胎児の母）に慰謝料の請求権が認められます。一方、夫（胎児の父）に慰謝料請求権が認められるかどうかは判断が分かれていますが、裁判例では慰謝料請求権が認められています。

## 自賠責保険基準による死亡慰謝料

日弁連基準では、上記①～③のように支払額を定型化しています。

一方、自賠責保険でも死亡事故の算定基準が定型化されていて（自賠責保険基準）、死亡者本人の慰謝料は350万円、遺族の慰謝料は請求権者の人数ごとに変わってきます。自賠責保険基準は日弁連基準より低く設定されているので、自賠責保険基準を超える死亡慰謝料の分は、加害者が任意保険もしくは自費で支払わなければなりません。

## 死亡事故の損害賠償の範囲（日弁連基準）

| | | | |
|---|---|---|---|
| ① | 積極損害 | 葬儀費用 | 130万円～170万円程度（150万円程度）<br>仏壇購入費や墓碑建立費を認めることもある |
| | | その他 | 死亡するまでの医療関係費、治療費など<br>付添看護費、入院雑費など |
| ② | 消極損害<br>（23ページ） | 死亡逸失利益<br>[（年収－年間生活費）× 就労可能年数に対応するライプニッツ係数]<br>　年収…………………ボーナスも含める<br>　年間生活費………一定額が控除される（生活費控除率による）<br>　就労可能年数……67歳までの年数<br>　中間利息の控除…ライプニッツ係数による | |
| ③ | 慰謝料 | ・一家の支柱…………2700万円～3100万円<br>・一家の支柱に準ずる……2400万円～2700万円<br>・その他の者…………2000万円～2400万円 | |
| ④ | 過失相殺 | 被害者に過失があれば、過失割合に応じて減額される<br>（たとえば、過失割合30％のときは「0.3」として計算する） | |
| ⑤ | 弁護士費用 | 判決で認められた損害賠償額の10％前後 | |

損害賠償額＝（積極損害①＋消極損害②＋慰謝料③）×（1－過失割合）＋弁護士費用④

## 相談25 夫が交通事故で死亡したので賠償請求をしたい

**Case** 夫が交通事故で死亡しました。損害賠償額はどのくらいになりますか。

**回答** 損害賠償として請求できるのは、主に慰謝料とご主人の死亡によって失われた収入、つまり逸失利益です。まず、慰謝料請求についてですが、「交通事故損害額算定基準」（日弁連基準）によると、ご主人の死亡によって生じるご主人本人に対する慰謝料と、残された遺族に対する慰謝料とを合算して、総額2800万円程度の請求が可能です（前ページ参照）。次に、ご主人の死亡による逸失利益ですが、これはご主人を相続した遺族（相続人）が、被害者本人である夫に代わって損害賠償請求ができます。また、葬儀費用も損害額として認められます。逸失利益の計算方法については、以下のような計算式で算定します。

死亡逸失利益＝（死亡当時の年収－年間生活費）×就労可能年数に対応した係数（ライプニッツ係数）

具体例として、交通事故により40歳で死亡した場合、年収が1000万円で年間の生活費が400万円であった場合、就労可能年数に対応した係数（ライプニッツ係数）は「14.643」ですので、

（1000万円－400万円）×14.643＝8785.8万円

が損害賠償の額となります。

なお、ご主人が事故によりケガをするなどした場合であれば、被害者本人であるご主人が慰謝料を請求できますが、被害者が死亡してしまった場合には、被害者本人の慰謝料は相続人が相続します。つまり、ご主人が交通事故で死亡して妻（相談者）と子が遺されたとすると、ご主人の慰謝料請求権は妻と子にそれぞれ相続されるということです。

また、これとは別に、遺族自身にも固有の慰謝料請求権が認められています。事故で突然家族を失った遺族は、精神的に大きな苦痛を強いられるため、死亡した被害者の近親者（被害者の父母・配偶者・子）は、自分自身の精神的苦痛を理由に慰謝料の請求が可能です。

# 7 物損事故とはどんな場合か

## 自賠責保険では物損事故については賠償されない

### 自賠責の適用がない

物損事故については、自賠責保険は適用されません。加害者が任意で車両保険などの対物賠償保険に加入している場合には、その保険が適用されます。車両について損害として認められるのは、以下の通りです。

① 全損の場合

車対車の事故で、相手側に事故の原因があり、自分の側にまったく落ち度がない場合は、こちらが被った損害額のすべてを相手に請求することができます。しかし、そのようなケースはまれです。たいてい、双方に落ち度があり、過失相殺（162ページ）の問題になります。車が修理不能な場合や修理が著しく困難な場合には、被害車両の事故当時の時価が損害として認められます。

② 修理が可能な場合

被害車両が修理可能な場合には、適正な修理費が損害として認められます。損害として認められる修理費の上限は、被害車両の時価です。

被害車両の時価とは、事故当時の

その車の取引価格のことです。

事故車を修理した場合、車の評価額が下がるため、下取価格は大幅に下がります。これが評価損（格落ち損）です。評価損とは修理しても完全に原状回復できずに残る中古車市場における車両価格の減少分と考えておきましょう。評価損も損害として認められます。事故前の車の評価額から修理後の評価額を差し引いた額が、評価損となりますが、判例では修理費の10〜30％程度を評価損として認めています。

### 人身傷害と物損が両方ある場合

人身事故が起きた場合、被害者本人のケガの他に被害者の持ち物が壊れたり、なくなったりすることがあります。自動車同士の事故であれば、事故を起こした自動車も損傷を受けているはずです。

また、被害者の車の荷物が散乱してしまい、積んでいた商品や製品が売り物にならなくなったというケースもあるでしょう。このような場合、

被った損害を物損として、加害者に請求することができます。ただ、損害を被った事実関係を証明する必要がありますので、警察などによる事故処理が終わっても、示談が成立するまではその破損物を保管しておかなければなりません。

加害者に請求できる損害額は、その物の購入時の価格、使用期間、使用状態などを考えあわせた上で、事故直前の時価を客観的に算定します。人身傷害の損害賠償と同時に、加害者や保険会社に対して請求します。保険会社の担当者が、人身傷害と物損とで異なる場合もありますので、注意してください。

## 物損事故と保険

人身事故と違って、物損事故の場合は自賠責保険の適用がありませんが、相手方が対物保険に加入していればそれが適用されます。相手方が対物保険に加入していなくても、加害者本人に対して直接損害賠償を請求することはできます。

被害者が車両保険（自車の損傷を補償する保険）に加入していれば、そこから支払いを受けて、支払った保険会社がその分を相手方に請求するということになります。

予想以上に車両の修理費がかかり、交渉の場でもめることがないように、あらかじめどこに修理を依頼するか、見積り額はいくらかなどを両当事者で十分に検討しておくべきです。

また、被害者の車内の荷物が散乱して破損した場合や、車内の散乱した荷物が商品等であって、製品として売ることができなくなった場合などのように、車体の本体以外の物品に被害が生じることもあります。これらの加害者に対して請求できる損害について、保険会社に対して請求するということも可能です。

その際に請求できる損害額は、その物品の購入時の価格、使用期間、使用状態などを考慮した上で、事故直前の時価を客観的に算定することによって行います。これらの損害について、加害者に請求するのではなく、保険会社に請求する場合、特に注意しなければならない点があります。これらの物品に対する損害賠償請求は、人身の損害賠償請求と同時に行うことになります。しかし、保険会社の担当者が、人身傷害と物損とで異なる場合もありますので、被害者側はこの点を十分に把握して損害賠償請求を行う必要があります。

## 8 物件損害はどこまで賠償されるのか

事故車両の休車損害や評価額も損害として認められている

### 車両損害以外の損害とは

交通事故に関しては、被害車両のレッカー代、一時的な保管料、回送費なども損害として認められます。

さらに、買い替えが相当と判断される場合は、買い替えた車両の自動車取得税も損害となり、家の塀や壁が破損した場合は、その修理費が損害となります。また、店舗を破損したため、それにより店を休業せざるを得なくなった場合には、その休業損害も賠償の対象となります。

### 休車損害も損害に含まれる場合がある

タクシー、ハイヤー、バス、営業用貨物トラックなどの緑ナンバーの営業車が被害を被った場合は、家庭用乗用車の事故とは異なり、使用不能になった期間について、その車両を使用できていれば得られたであろう営業利益を損害としてとらえ、賠償請求できます。これを休車損害といいます。ただ、被害車両の代わりの車両を使用するために代車使用料

が支払われる場合は、この休車損害は認められません。

休車損害の算出方法は、まず、被害車両の1日あたりの営業収入を出します。そこから、その車が稼働しないことによって支払いを免れた燃料代、オイル代などの消耗品代などの経費を控除します。その残額に休車期間を乗じて算出します。

### 被害車両の中古車市場での取得価格が時価になる

被害車両については、損害をどのように算出するのでしょうか。

この場合、購入時の価格ではなく時価、つまり事故当時の取引価格によって算出します。この取引価格とは、被害者が被害車両と同じ車両を中古車として購入した場合を想定した価格です。同一の車両を購入するためにいくら支払うことになるかと考えて、加害者と被害者間の公平を図るわけです。

具体的には、被害車両と同一の車種、同一の年式や型式、同程度の使

用状態や走行距離などの車両を中古車として買うために必要な金額となります。この金額は車を中古車として売るときの価格や、下取り価格のことではないので注意してください。

ただ、例外ではありますが、新車を購入した直後に事故に遭った場合に、中古車ではなく新車への買替え代金を損害として認めた裁判例があります。

## 代車使用料や休車損害の賠償

車の修理期間中、その車を使用できなくなったため、レンタカーやタクシーなど、他から車を賃借した場合には、その代車使用料が損害賠償の対象となります。

① 代車は必要性がなければ損害にはならない

事故によって車両が被害を受けたために代車を使用する必要性が生じ

## 物損事故の損害

| | | | |
|---|---|---|---|
| ① | 修理費 | | 原則として修理費実費。 |
| ② | 評価損 | | 修理不能または修理費が被害車両の時価額を超える場合は、時価額が評価損となり、修理しても、事故前に比べると車両価値が減少する場合、その減少分が評価損となる |
| ③ | 代車使用料 | 代車使用料 | 事故によって修理または買替えが必要なため、代車を使用した場合はその使用料が認められる |
| | | 休車補償 | 営業用車両などで代替がきかない車両については、買替えまたは修理のために車両を使用できなかった期間に、車両を使用できたのであれば得ていたであろう純益を請求することができる |
| ④ | その他 | 着 衣 | 事故当時着ていた服やメガネ（コンタクトレンズを含む）など |
| | | 雑 費 | 被害車両の保管料、引き揚げ費用、査定費用、事故証明交付手数料、通信費など |
| | | 登録費用 | 車両の買替えに伴い必要となる廃車費用、新規登録費用、納車費用、車庫証明費用、自動車取得税など |
| | | 家屋修繕費 | 事故によって店舗などが破壊された場合はその店舗の修繕費。修繕に伴い店舗の営業に支障をきたす場合は、その分は営業損害（休業損害）となる。 |
| | | 積荷損害 | 被害車両に積んでいた商品や製品が滅失・毀損した場合はその損害額 |

損害賠償額の出し方 損害賠償額＝修理費①＋評価損②＋代車使用料③＋その他④

た場合、代車を借りるための費用が損害の一部として認められます。ポイントは代車の必要性の有無です。

自家用車の場合は、代車の必要性が比較的認められにくいものです。ただ、日常的に通勤のために使用しているような場合であれば、必要性が認められます。一方、被害車両を仕事で使用していた場合には、必要性が認められるのが原則です。

ただ、営業用車両が緑ナンバーの場合は、許認可との関係で代車が使用できないので、休車損害として扱われます。緑ナンバーなどの営業用車両は、国土交通省から許可を得て営業を行っているため、日常的に使用している営業車両が使用不能になったからといって、不用意に他の車両を使用して営業を行うと、無許可の車両によって営業していると判断されるため、注意が必要です。

もっとも、たとえばタクシー会社等においては、事故に遭った車両の他にも、必要な許可を得た車両を所有している場合も少なくありません。このような車両を遊休車両といいます。遊休車両を利用できる場合であれば、休車損害は発生しないと判断されるため、被害者側は休車損害の損害賠償請求を行うことはできません。

② 代車の使用期間と車種が問題になる

代車が認められる期間は、被害車両を修理する場合は、修理をするのに相当な期間です。1〜2週間程度が目安です。買替えが認められた場合は、買替えに必要な期間が基準となります。ただ、被害者側の事情に

## 代車使用料と休車損害

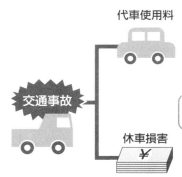

88

よって、遅れて修理に出したり買替えが遅れた場合は、その遅れた期間についての代車使用料は損害として認められません。

代車の種類ですが、被害車両が高級外車の場合でも、国産の高級車で足りるとされています。

## 評価損（格落ち損）は損害に含まれる場合もある

事故に遭った被害車両を修理しても、事故前に比べると中古車市場における評価額がどうしても減少します。この減少分を評価損または格落ち損といいますが、損害として認められるかどうかは、ケース・バイ・ケースによって判断されます。

まず、修理後も修理技術上の限界から、燃費が悪くなったとか外観が悪くなったなど、機能的または外観的欠陥が残った場合は、評価損は損害と認められます。

次に、機能的または外観的欠陥が残っていなくても、事故車は一般的に敬遠されがちで、中古車としての下取り価格も低下します。ただ、この場合の評価損については、保険会社からはなかなか損害とは認めてもらえません。

しかし、客観的に市場での価格が低下しているのであれば、多くの裁判例がこの場合の評価損を損害として認めています。具体的な損害額にはさまざまで、修理費の10～30％の範囲で認めたり、車種、年式、損傷の程度、修理費などを考慮して認定しています。ただ、外観や機能が回復していて、性能や耐久性に問題がない場合について評価損を否定した裁判例もあります。

なお、請求の際に、一般財団法人日本自動車査定協会が発行する「事故減価額証明書」を利用して、その事故減価額を評価損として請求する方法もあります。

## 物損では慰謝料請求しにくい

物損事故でも、慰謝料が認められる余地はあります。物損で慰謝料が認められるためには、相手方に精神的打撃を加えることを目的とした場合や、その物が被害者にとって特別の価値を有するものである場合など、特別な事情の存在が必要であるとされています。一般的には、交通事故による物損では慰謝料の請求は難しいと考えた方がよいでしょう。

第3章 傷害・死亡・物損事故の損害賠償額の算定方法

89

**相談26** 交通事故で壊れた車の買替費用を請求できるのか

**Case** 先日、交通事故に遭い、車がほとんど原形をとどめない姿になるまで壊されてしまいました。修理に出したところ、シャーシ自体が歪んでしまい、修理しても安全に走行できるかわからないとのことでした。その修理にも、車の評価額に匹敵する費用がかかるそうです。買替費用の賠償請求をしたいのですが、可能ですか。

**回答** 自動車そのものの損害については、修理費用を請求するのが原則です。被害車両の評価額（時価）よりも修理費の方が安いのであれば、通常は修理費用しか請求できません。しかし、修理によっても車の状態が元に戻らず、走行に支障が生ずる場合は、走行可能な状態に戻す修理は不可能といえ、全損として車の買替費用を認めるのが相当だと考えられます。裁判例においても、車が大破し、修理をしても走行機能に欠陥が生じることが推測される場合には、車両の全損と判断し、買替費用の賠償請求を認めたものがあります。

　本ケースのように、被害車両がほとんど原形をとどめない姿になるまで破損し、修理しても安全に走行できるかわからない場合、または修理費用が車の買替費用（車の評価額＋買替諸費用）よりも高額になる場合であれば、買替費用の賠償請求が可能になると考えられます。なお、買替費用の賠償が認められるとしても、新車の購入費用の賠償ではありません。事故直前の当該車両の時価（中古車としての価値）が「車の評価額」となり、これに「買替諸費用」（車庫証明費用、廃車費用、自動車取得税など）を加えた金額の賠償が認められることになります。

　車の買替費用の賠償が認められた場合、たとえば、買替費用が100万円であるが、車がスクラップとして10万円の価値があるときは、加害者側としては、買替費用の100万円から10万円を差し引いた分の90万円を損害として賠償することになります。修理により原状回復が可能な場合でも、買替費用よりも修理費用が高い場合も全損扱いとされます（経済的全損）。

# 第４章

# 示談交渉と保険金請求

# 1 示談とは何かを知っておく

### 示談をする場合には必ず示談書を作成すること

## 90％以上のトラブルが示談で解決する

　交通事故の発生により人損・物損が生じると、加害者に損害賠償をしていくという民事上の問題が発生します。民事上の問題を解決する手段には、①示談、②簡易裁判所での調停、③通常訴訟・少額訴訟といった裁判手続きがありますが、交通事故による紛争は、示談によって処理されるケースがほとんどです。

　示談とは、事故当事者双方の話し合いによって、紛争を処理する方法で、和解契約のことを意味します。たとえば、事故を起こして相手方にケガを負わせてしまった場合、「一定額の損害賠償金を支払うことを約束します」といった内容を当事者双方で取り決めることが示談です。

　人身事故のうち約90％以上のトラブルが示談によって解決しています。示談では、賠償額を当事者双方の過失の割合に応じて増減したり、賠償金を分割払いにするなど、話し合いで柔軟に解決することができます。

費用・時間が節約できることも大きなメリットだといえます。

　ただ、口約束では後になって賠償してもらえないということもあり得ます。そこで、後日のトラブルを避ける意味でも、賠償の方法について**示談書**（示談の内容を書面化したもの）を取り交わしておくことが重要です。示談書への本文の記載はワープロでもかまいませんが、住所・氏名の記載は自筆で書いてもらうようにするべきです。実印を押印してもらうとなおよいでしょう（署名押印）。

　また、書面の形式には特に制約はありませんが、問題となった事項や和解の内容などについて、明確に記載することが大切です。

## 加害者側の保険会社の担当者と交渉するのが一般的

　賠償金が自賠責だけではなく、任意保険からも支払われることになる場合、被害者には保険会社との交渉という問題が発生します。

　本来、示談は当事者である被害者

と加害者との間で直接行われるべきものですが、現在の任意保険は、ほとんど示談代行つきの契約になっているので、たいていの場合、事故の加害者は交渉の場に現れません。被害者は加害者が加入している保険会社の担当者との間で、話し合い（示談交渉）をすることになります。

保険会社の担当者は、交通事故における示談交渉のプロです。一方、被害者は、交通事故についての法律はおろか、交渉事との縁も薄いという人が多いようです。交通事故のトラブルについては、いくつかの相談機関（100ページ）が存在します。被害に遭って、ただでさえ辛い状態ですが、示談書にサインする前に、このような相談機関のアドバイスを利用して気持ちを整理した上で、交渉に臨むようにしましょう。

なお、加害者と直接示談交渉をしなければならないにもかかわらず、加害者の誠意がまったく見られず、事故の損害賠償金を払ってくれそうもないような場合は、加害者が加入している強制保険（自賠責保険）の保険会社に対して、直接支払を請求することもできます（130ページ）。

もっとも現実の交通事故では、加害者だけに一方的な非があるという場合は少なく、事件の被害者側にも何らかの落ち度がある場合が通常です。そのような場合は、被害者の加入している保険会社と加害者の加入している保険会社との間で、示談交渉がなされることになります。

## 被害者が保険会社との示談交渉で注意すること

被害者が示談を行うにあたって注意すべきことは、いったん示談が成立し、示談書を作成してしまうと、その後に示談時の事実関係と異なる事実が発覚しても、原則として、示談をやり直すことができないということです。

そこで、被害者の立場としては、交通事故についてのある程度の法律知識を身につける必要があります。軽いケガならまだよいのですが、後遺症などの障害が残るような大事故の場合、一生後悔することになってしまいます。

では、実際に示談交渉をするにあたって、どんなことに注意すればよいのでしょうか。示談交渉は通常何回にも渡って行われるものです。ですから、示談交渉をした年月日とそのときに話し合われた内容をできるだけ詳しくメモしておくことです。

第4章　示談交渉と保険金請求

93

できれば、ボイスレコーダーなどに会話をすべて録音しておきましょう。

次に、話し合いに臨むときは常に平常心を保つように心がけます。結局、最終的には金銭で補償が行われるわけですから、多く払ってもらうのに越したことはありません。冷静に構えて、こちらの言い分をはっきりと相手の保険会社の担当者に対して主張するようにします。

ところで、保険会社の担当者が「もうこれ以上出せない」といっても、それは任意保険会社の内部基準で出せないということにすぎません。真に受ける必要はなく、弁護士に相談するなどして、本当はどうなのか冷静に検討しなければなりません。

どうしても納得できない場合には、示談に応じる必要はありません。この場合は、裁判所に対して損害賠償請求訴訟を提起することになります。その前に、各都道府県や市区町村の法律相談を利用したり、（公財）日弁連交通事故相談センターや（公財）交通事故紛争処理センターに示談あっせんを申し立てる方法もあります。

## 被害者が示談屋や事件屋を立ててきたら

他人の事件に介入してコンサルタ

ント料などと称し、示談金の一部を受け取るような示談屋・事件屋の行為は、弁護士法72条で禁止する「非弁行為」にあたり、2年以下の懲役または300万円以下の罰金に処せられます（77条3号）。

示談屋・事件屋が直接接触を図ってきたら、加害者側は、毅然とした態度で接触を断り、弁護士または保険会社の担当者に対応を委ねるようにしましょう。

## 保険会社の提示する賠償金額に納得できない場合

被害者が保険会社の提示内容に納得できず、示談交渉を拒絶した場合、（公財）交通事故紛争処理センターまたは（公財）日弁連交通事故相談センターによるあっせんで解決を試みる方法があります。

2つの機関は相談を受け付けているだけでなく、必要に応じてあっせんも行っています。どちらも、弁護士が無料で示談のあっせん（弁護士が中立の立場で被害者と加害者の間に入り、示談が成立するように援助をすること）をしています。以下、違いを見ていきましょう。

① 電話相談の可否

日弁連交通事故相談センターは基

本的には面接相談ですが、1人10分程度での電話相談も受け付けています。交通事故紛争処理センターでは電話相談は実施していません。

② 予約制か先着順か

面接相談は、日弁連交通事故相談センターでも、交通事故紛争処理センターでも実施しています。交通事故紛争処理センターの方はすべて予約制なので、あらかじめ電話予約しなければなりません。一方、日弁連交通事故相談センターは、予約制を採用している場所と、先着順で相談を受け付けている場所があります。

③ 相談内容について

両者は中心的に扱う問題の種類に違いがあります。交通事故紛争処理センターは、示談あっせんが中心的業務なので、目的が示談あっせんに定まっている人が利用すべきです。

逆に、示談あっせんには至らない、もしくは示談あっせんと直接関係のない単なる法律相談は、日弁連交通事故相談センターを利用した方がよいでしょう。

## 示談のあっせんと不調に終わった場合の審査

日弁連交通事故相談センターと交通事故紛争処理センターは、示談あっせんがうまくいかなかった場合の手続きにも異同が見られます。

まず、審査権限が及ぶ対象について、日弁連交通事故相談センターの審査権限が及ぶのは、加害者側の示談代行をしている組織が特定の共済の場合です。損害保険会社（損保）の場合は審査に持ち込むことができません。一方、交通事故紛争処理センターは日本損害保険協会及び外国損害保険協会に加盟している損保と一部の共済に審査権限が及びます。相談する前提として、加害者の代行をしている組織が損保か共済か詳しく調べておくべきでしょう。

示談あっせんが不調となった場合には、どちらの機関でも審査と呼ばれる手続きがあります。審査とは、示談あっせんが不調となった場合、当事者からの申し出により、専門家によって構成される審査会が判断を行う手続きです。審査結果について被害者が同意しない場合、各センターでの手続きは終了となり、紛争の解決は調停・訴訟に委ねられることになります。一方、被害者側が同意すれば、相手方の損保・共済は審査意見を尊重することになります。その結果、審査意見に従った示談書が作成されることになります。

第4章 示談交渉と保険金請求

95

# 2 加害者としての示談交渉はどうする

## 誠意を尽くすべきだが、過大な請求には応じない

### 示談の成立は刑事手続きに影響するか

交通事故による物損や人損は時として刑事問題に発展する場合があります。その場合、主に警察官による捜査がなされます。警察官の捜査が終了すると、捜査結果が検察官に送られます。ただ、そこで必ず起訴されるわけではなく、さまざまな事情を考慮して、検察官が起訴するかしないかを決定します。その際、示談の成立は起訴を猶予する場合の有力な判断材料となるので、加害者は、警察官もしくは検察官の前で必ず示談書を提示して、示談の成立を証明しましょう。

交通事故についての刑事責任は厳罰化の傾向にあるので、民事的に示談が成立しているからといって絶対に刑事責任を免れることができるというわけではありません。

しかし、仮に起訴されたとしても、被害者との間に示談が成立している場合には、裁判官の心証をよくする方向に働きます。したがって加害者は示談書を必ず証拠として提出する必要があります。また、有罪となっても、「懲役刑が罰金刑に」「実刑が執行猶予に」など、刑事処分を軽減してもらえる余地があります。

そのため、交通事故の加害者が被害者に「できるだけ早く示談をしてほしい」と要求することもあります。加害者の立場としては、少しでも刑事処分を軽減したいでしょうから、すぐに示談交渉を持ちかけていくわけです。ただ、これは加害者側の一方的な都合による要求であり、被害者がまだ入院していたり、損害額がまだ確定していない段階では示談に応じることはできないはずです。このような被害者側の事情も考えておかなければいけません。

### 加害者が示談にのぞむ心構え

事故を起こしたとき、示談代行つき自動車保険に加入していれば、被害者との間の示談交渉は保険会社が代行してくれますから、加害者の負担はかなり軽減されます。ただ、加

害者は被害者へのお見舞いなどに誠意を尽くす必要があります。これを怠ったために被害者の感情が悪化し、示談が難航することがあります。

特に被害者側からすれば、加害者本人は一向に顔を見せず、保険会社の担当者が賠償額を呈示するばかりで話が進まないと感じるケースはよくあります。交通事故では、上述の示談代行（示談交渉）付き自動車保険において、専門知識を有する保険会社の担当者が示談交渉を行うのが一般的ですが、加害者が被害者と直接交渉することも可能です。ただし、保険会社の担当者はマニュアルに従い加害者に不利にならないように徹するでしょうし、被害者にとって実のある交渉は難しいといえます。

そこで、被害者側は交通事故紛争処理センターなどに対する示談あっせんの申請や弁護士を通じて交渉を行い、なお加害者側の態度に不満があれば、損害賠償請求訴訟に及ぶかもしれません。また、加害者の刑事裁判で、被害者が検察側証人として加害者の不誠実な対応を訴えるおそれもあります。

一方、示談代行つき自動車保険に加入していない場合には、自分で被害者と示談交渉することになります

が、この場合に被害者が過大な請求をしてくることがあります。

加害者という負い目があるでしょうし、責任を痛感しているからこそ被害者の請求に応じたいと思うのは理解できますが、だからといって不当に過大な請求に応じる義務はありません。被害者が不当請求を迫るのであれば、弁護士への相談を検討すべきです。また、加害者側から「損害賠償額を確定してほしい」という趣旨の調停申立や、交通事故紛争処理センターなどに対する示談あっせんの申請をする方法もあります。

## 不合理な内容の念書の効力は

加害者の立場になったとき、事故直後の現場で被害者から、「私の全面的過失によるものですから全損害を賠償します」「新車に買い替える費用を負担します」といった書面を要求されることがあります。

裁判所では、このような事故直後の気が動転しているときに書いた不合理な内容の書面の効力が認められないこともあります。

しかし、効力が認められないのが原則的であるとはいえ、示談が難航する原因となりますから、念書は絶対に書いてはいけません。

第4章 示談交渉と保険金請求

97

## 相談27 被害者が意識不明の重体で加害者と直接交渉できない場合

**Case** 先日、主人は信号無視の自動車に衝突され、意識不明の重体になってしまいました。医師の診断によれば、回復まで時間がかかるとのことです。ところが、加害者側は、「ご主人本人でないと交渉は難しい」などと言っています。意識不明の主人が損害賠償を請求できるはずもなく困っていますが、私と子供2人はどうすればよいのでしょうか。

**回答** 交通事故の示談交渉では、被害者が意識不明などの重体になり、加害者と交渉することができないという事態になることもあります。被害者本人が回復するまで待つことができるのであればよいのですが、被害者の家族にとってはその間にも、入院費用や治療費あるいは生活費が必要になります。そこで、加害者に誠意がある場合には、損害の内金というような形式で一時金を支払ってもらうこともあります。一時金の支払いを受けた場合、残額については、被害者の回復を待って、被害者本人に直接請求や交渉をしてもらってもよいでしょう。

ところが、被害者家族が精神的に動転していることに乗じて、加害者側が「本人とでないと示談交渉はできない」などと言って一時金の支払いにも応じない場合、被害者家族としては、はなはだ困った状態に置かれることになります。しかし、示談交渉においては、必ずしも加害者と被害者の本人でなければ交渉を行ってはならないという決まりがあるわけではありません。このような場合には、当事者である被害者に代わって、第三者（代理人）に交渉してもらうのがよいでしょう。ご主人が加入している自動車保険の保険会社の担当者が交渉を行うことがありますが、特に資格があって交渉しているわけではありません。保険会社が呈示する示談金の額が、加害者に請求できる限度額ではありませんので、納得できない場合には弁護士などの専門家に依頼して、加害者側と交渉するとよいでしょう。

# 3 困ったときには相談機関からアドバイスを受ける

相談費用もかからず、気軽に相談できる

## 専門の相談員に相談できる

被害者が自分で示談交渉をする場合、法律の知識を十分にもっていないと、自分で示談交渉をする損害賠償の請求の仕方や過失割合などがわからないものです。

特に、相手方（加害者側）が専門知識をもつ保険会社の場合、保険会社から提示された損害賠償額が妥当なのかどうか判断できないことがあります。このような場合、交通事故の問題を扱っているさまざまな相談機関を利用するとよいでしょう。

相談機関においては、弁護士、元警察関係者、元検察関係者（元検察事務官・元検事など）、都道府県の元職員、保険会社関係者といった専門家によるアドバイスを受けることができます。無料相談を受け付けているところも多いので、ぜひ利用してみるとよいでしょう。

最終的な判断は自分ですることになりますが、それでも、相談機関は大変利用価値があります。

## 相談に行く際の注意事項

相談をするときの注意点を簡単に見ていきましょう。

### ① どの相談機関に行くか

相談機関（相談所）といってもいろいろあるので、まず、どの相談機関がどのような問題を中心的に扱っているのか調べることが大切です。

損害賠償などの法律問題について相談したいときは、日弁連交通事故相談センターの相談所、保険関係の手続きについては、そんぽADRセンター、その他一般的な相談は、都道府県や市区町村の交通事故相談所がよいでしょう。

### ② 電話で確認・予約をする

相談機関によっては予約制になっている場合もありますから、相談に赴く前に必ず電話で相談日時を確認して、必要にあわせて予約を入れておくようにします。

### ③ 前もって相談内容を整理する

相談時間は30分程度、長くても1時間前後ですから、要領よく話が進められるように、前もって相談内容

第4章 示談交渉と保険金請求

99

を整理しておきましょう。

④　必要な書類を持参する

　事故状況を口頭で説明するのはなかなか難しいものです。そのため、交通事故証明書、医師の診断書、事故現場の写真などの資料がある場合は持参するとよいでしょう。

## 交通事故に関する主な相談機関

　次に、どのような相談機関があるのかを見ていきましょう。

①　（公財）日弁連交通事故相談センター

　専門の弁護士に相談することができます。相談料は無料で、全国に相談所が置かれています。

②　（公財）交通事故紛争処理センター

　嘱託の弁護士による事故相談、示談あっせんなどを行っています。相談料は無料です。

③　そんぽＡＤＲセンター

　損害保険に関する一般的な相談に応じる業務や、保険会社に対する苦情について解決するための手続きを実施しています。また、保険会社の利用者と保険会社との間で紛争が生じた場合には、紛争解決のための手続きも実施します。

　相談業務、苦情解決手続き、紛争解決手続きは、原則として無料で利用することができます。

④　日本司法支援センター（法テラス、102ページ）

　全国どこでも法によるサービス・情報提供が受けられるように設立された機関です。

⑤　交通事故相談所

　都道府県・市町村に設置されています。示談の仕方、賠償金の算定の仕方、訴訟・調停の活用方法について、専門相談員からアドバイスを受けることができます。交通事故相談所の設置場所は、内閣府ホームページに記載されています。

## 弁護士選びは慎重にする

　事故の加害者と被害者の言い分が異なり、示談交渉がうまくまとまらない場合もあります。加害者側の保険会社の担当者が、これ以上被害者と話し合っても先に進まないと思った場合、たいてい、保険会社の顧問弁護士に示談交渉を依頼します。相手が法律の専門家である弁護士を代理人として立ててきた以上、素人が対抗するのはかなり大変なことです。そこで、被害者としても、交通事故に詳しい弁護士に交渉をまかせたいところです。

示談交渉を安心してまかせられるような弁護士を味方につけるためには、依頼者と弁護士との間に強い信頼関係があることが必要です。一番よいのは、自分の知人や親類の中に弁護士がいることでしょう。

なお、各県庁所在地にある弁護士会を訪ねて、適切な弁護士を紹介してもらうという方法もあります。

弁護士にもそれぞれ得意分野と不得意分野があるものです。その中には交通事故の処理を専門に扱っている弁護士もいます。そういった弁護士を紹介してもらうのがベストです。

弁護士に示談交渉や損害賠償請求訴訟を依頼するにあたっては、以下の点に注意しましょう。

① 費用の点はハッキリと

弁護士費用は、弁護士報酬ともいいます。大きく分けて、相談料・着手金・報酬金（成功報酬）・鑑定料・手数料・日当などがあります。訴訟を起こす場合は、相談料・着手金・報酬金が重要です。

弁護士報酬について、従来は「弁護士報酬等基準額」という統一基準が存在しましたが、平成16年3月末に廃止されたため、現在は各弁護士事務所が独自に定めています。各弁護士会が標準的な金額を定めてはいますが、具体的な額となると弁護士によって異なってきます。依頼前に費用や報酬などの金銭的な話し合いをしっかりしておくべきです。

なお、弁護士への法律相談料は、相談後に依頼するかどうかにかかわらず必要です。一般的には30分ごとに5400円（税込）程度かかります。

② 弁護士と緊密なコミュニケーションを築くこと

弁護士に依頼する場合に特に注意して欲しいことは、事件に関することは、不利な点も包み隠さずにすべて伝えるということです。できるだけ資料をそろえて説明文なども用意しておきましょう。協力できることは協力し、弁護士を信頼することが大切です。

③ 当事者は自分だという意識をもつこと

依頼した弁護士を信頼する必要があるのはもちろんですが、完全にまかせっきりになってしまい、無関心になってはいけません。

弁護士はあくまで代理人であって当事者は自分です。弁護士に対して被害者が自ら示談・訴訟の進行状況を確認し、場合によっては方針の希望を伝えることも大切です。

## 弁護士費用の立替え制度とは

交通事故の示談交渉や損害賠償請求訴訟のために弁護士を頼みたいが、経済的な理由で頼めないという場合には、日本司法支援センター（法テラス）の立替え制度の利用を検討してみるとよいでしょう。

法テラスは法的なトラブルを解決するためのさまざまなサービスを提供しており、無料での法律相談や被害者の支援といった活動をしています。立替え制度は、弁護士費用や訴訟費用を立て替えてもらえる法テラスのサービスのひとつです。

ただ、立替え制度の利用には条件があり、①被害者（関係者）が弁護士や裁判の費用を負担できないこと、②勝訴の見込みがないとはいえないこと、③援助を受けることが民事法律扶助の目的に適すること、の3つの条件がそろっている場合に限られます。調停や示談などで紛争が解決する見込みがある場合も利用できます。まず電話で問い合わせてみるとよいでしょう。

なお、法テラスは都道府県庁所在地などの大都市や、弁護士や司法書士が少ない地域などに設置されています。

### 被害者のための機関

| 機 関 名 | 内　　容 |
|---|---|
| ㈵自動車事故対策機構<br>（TEL 03-5276-4451） | 重度後遺障害者に対する救護や交通遺児への援護など |
| ㈶交通遺児育英会<br>（TEL 03-3556-0771） | 交通遺児などに対する奨学金・入学一時金の貸付（無利子） |
| ㈶交通遺児等育成基金<br>（TEL 0120-16-3611・<br>　　　03-5212-4511） | 交通遺児は損害賠償金などの中から、拠出金を同基金に払い込んで加入できる。19歳に達するまで育成給付金を支給する制度 |
| ㈶道路厚生会<br>（TEL 03-6674-1761） | 高速道路での交通事故で亡くなった方の子供で、修学が困難な児童生徒に修学資金の給付を行っている |

**相談28** 保険会社の提示する賠償金額に納得できない場合

**Case** 交通事故の被害に遭い、相手の加入する保険会社と示談交渉しています。しかし、事故の際の私の過失を過大に評価する一方、後遺症については過少に評価しています。相手方の提示する賠償金額に私としては、とても納得できません。このような場合、適当なところで、保険会社と手を打つべきなのでしょうか。

**回答** 話し合いに臨むときは常に平常心を保つように心がけます。いったん示談が成立し、示談書を作成してしまうと、その後に示談時の事実関係と異なる事実が発覚しても、原則として、示談をやり直すことができません。示談交渉の際には、示談交渉をした年月日とそのときに話し合われた内容をできるだけ詳しくメモしておいてください。できれば、ボイスレコーダーなどに会話をすべて録音しておきましょう。

　保険会社の担当者が「もうこれ以上出せない」と申し入れてくることもありますが、それは任意保険会社の内部基準で出せないという場合もあります。弁護士への相談などにより、本当はどうなのか冷静に検討してみなければなりません。特に、保険会社が提示してくる金額は、裁判にまで至った場合に、認められる賠償額より大幅に低額であることも少なくありません。

　どうしても納得できない場合には、示談に応じる必要はありません。加害者が加入している強制保険の保険会社に対して直接支払いを請求する被害者請求、各都道府県や市区町村の法律相談所、（公財）日弁連交通事故相談センターや（公財）交通事故紛争処理センターへの調停の申立て、裁判所への訴訟の提起などの法的手段を検討することになります。

　なお、被害者であっても落ち度（過失）があるようなケースでは、被害者の加入している保険会社と加害者の加入している保険会社との間で示談交渉がなされることもあります。

## 4 示談交渉を始めるにはタイミングも重要

通院治療中の示談交渉は時期尚早である

### 示談の交渉はいつ始めればよいか

交通事故で被害者が損害賠償を請求する場合は、慰謝料を含めて、その金額を具体的に明示しなければなりません。しかし、治療がすべて終わっていない段階では、治療費や仕事を休んだ分の逸失利益などは、まだ計算できません。慰謝料についても、入院期間、通院期間、通院実日数などによって計算されるため、これも請求できません。示談成立後に、後遺症についての治療費を請求しようとしても、原則として認められません。よって、通院治療中の場合には、示談交渉は時期尚早です。

次に、示談交渉にあたっての留意点ですが、損害額の計算は勝手な言い分が通るわけではありません。弁護士会・市区町村役場・保険会社の無料法律相談を利用し、相場を調査しておきましょう。損害額の計算ができて、加害者に請求する場合には、毅然とした態度を示す意味で内容証明郵便を利用するとよいでしょう。

### 傷害の場合の示談交渉

交通事故で負ったケガが完治し、リハビリの必要もなくなったら、事故による治療費、入通院費、逸失利益などの損害額や慰謝料の額を計算できる状態になります。つまり、この時点ではじめて示談交渉ができるわけです。

ただ、自賠責保険（強制保険）の場合、損害保険会社に対して損害賠償を請求できるのは、原則として事故の時点から2年間に限られます。この時効期間が過ぎてしまうと加害者に対しては損害賠償を請求できますが、保険会社に対する請求はできなくなります。加害者に資力がない場合、実質的に損害賠償が受けられなくなりますので注意しましょう。

加害者が任意保険に加入していれば、普通、保険会社の方から示談交渉の開始時期の申入れ（電話など）があります。示談交渉は何回かに渡って行われるものです。最初の交渉では、具体的な損害賠償額の提示はなく、あいさつや様子うかがい

のような感じの場合もあります。数回の交渉を経て、やっと損害賠償額が提示されたからといって、すぐに示談書にサインをしてはいけません。保険会社は自社の保険金支払基準に従った賠償額を示してきますが、これは確定した金額ではなく、一般的に低く設定されているからです。

### 死亡事故の場合の示談交渉

死亡事故の場合の示談交渉は、亡くなった被害者の葬儀が終わってからになりますが、四十九日の法要が終わるまでは何かとあわただしいものです。しかし、自賠責保険については、死亡事故の場合も、死亡の日から2年が経過すると時効が成立し、損害保険会社に対して賠償請求できなくなりますから、その前に示談交渉を終える必要があります。

死亡事故の場合、遺族は特に感情的になるものです。しかし、遺された遺族の以後の生活のことを考えると、なるべく早めに損害賠償金を支払ってもらうべきです。亡くなったのが一家の大黒柱であった場合ならばなおさらのことです。

なお、加害者に誠意がなく、話し合いがうまくまとまらない場合、被害者の遺族から加害者の自賠責保険に対して被害者請求をすることもできます。示談交渉について加害者が何も言ってこない場合、内容証明郵便で交渉の開始を申し入れてみるとよいでしょう。

**示談交渉をはじめる時期と注意点**

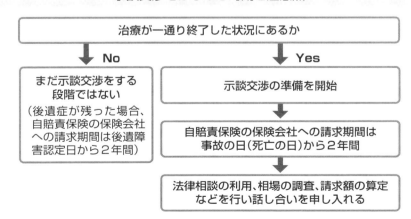

## 5 示談交渉前にはどんな書類を集めておいたらよいか

交通事故証明書の申請は自動車安全運転センターにする

### 交通事故証明書は強制保険の請求でも任意保険の請求でも必要

　加害者側との示談交渉を開始するにあたって、交通事故の事実関係を整理し、損害額を算出するための資料が必要です。強制保険（自賠責保険）と任意保険でだいたい同じような書類が必要になりますが、任意保険の場合、保険会社によって必要となる書類が多少異なります。

　まず、交通事故証明書（事故証明書）が必要です。交通事故証明書は事故発生の経過や原因を確認するための参考とする書類です。自動車安全運転センターに交付を申請します。

　また、死亡事故の場合、損害賠償を請求できるのは被害者（死亡した者）の相続人になります。自分が被害者の相続人であることを証明するためには、死亡した被害者の除籍謄本と相続人本人の戸籍謄本が必要です。その他、ケガの治療や手術をしたことを証明するため、診断書（死亡事故の場合は死体検案書）、診療報酬明細書（レセプト）、各種の領

収書なども必要になります。

　さらに、死亡事故の場合、死亡した被害者の葬儀費用、仏壇購入費、墓碑建立費などが損害として認められることもあります。これらの明細や領収書も保管しておきましょう。

### 収入を証明するために必要な書類は

　交通事故でケガをしたため、会社を休むことになり、その間の給料がもらえない場合は、事故がなければ得ていたはずの給料に相当する金額が損害賠償として認められます。また、死亡事故であれば、死亡した被害者が、事故が起きていなければ生涯もらえたはずの給料や退職金に相当する額を損害額に算入できます。

　このように事故がなければ得ていたはずの利益のことを逸失利益といいます。逸失利益の額を求めるときは、その者の過去の収入を証明する書類が必要になります。死亡被害者が会社員や公務員などの給与所得者であれば、源泉徴収票、所得証明、

給与明細などで収入を証明することができます。一方、個人事業者（自営業者）の場合は、確定申告書の写し（または控え）や納税証明書に記載された申告所得額によって収入を証明します。

## 農業従事者・年少者・主婦の場合の収入は

農業従事者については、確定申告を行っているのであれば、個人事業者と同様に、前年度の確定申告額から所得を算出します。農業所得の計算方法は、収入金額から肥料費・農業費などの必要経費を引いたものを所得金額として扱います。

小中学生や幼児など（18歳未満）の場合、賃金センサス（70ページ）の男女別の平均賃金から生活費として男性・男児は50％、女性・女児は30 ～ 40％を控除し、就労可能年数を49年（18歳 ～ 67歳の年数で算出された定数）とした上で、ライプニッツ係数に基づいて中間利息を控除します（78ページ）。

また、専業主婦の場合も賃金センサスの女子労働者全年齢平均賃金を参考として算出します。

## 示談前に集めておきたい書類

### 1　交通事故証明書

請求先は自動車安全運転センター。
いつ、どこで、どんな事故があったかを証明してもらえる書面。

### 2　診断書と診療報酬明細書

請求先はどちらも治療を受けた病院（有料）。
診断書は傷害の内容を記載した書面。
診療報酬明細書（レセプト）は治療内容の明細書で、入院日数、通院日数、どんな薬を使い、どんな注射をしたか、治療費・入院費などが詳細に書いてある。

### 3　領収書

治療費、入院費、付添人費用、入院諸雑費（日用雑貨品費、栄養補給費、通信費、交通費など）などの領収書はすべて取っておくとよい。

### 4　被害者の収入の証明書

給与所得者（会社員・公務員など）は勤務先の給与証明書か源泉徴収票。
自営業者は納税証明書や確定申告書の写しなど。

# 6 示談書の上手な作成のしかた

### 文案ができ上がったら弁護士に見てもらうのもよい

## 示談書には何を書けばよいのか

交通事故の加害者と被害者との間に示談が成立したら、必ず示談書を作成します。

示談書の様式は、法律上特に決まりがありません。ただ、示談も一種の契約ですから、誰が見てもわかるように、整然と客観的に書く必要があります。損害保険会社から保険金請求用の書類一式をもらうと書き込み式の示談書が入っていますから、これを活用してもよいでしょう。

ただ、保険会社の書式は「事故の原因・状況」「示談内容」の欄がせまいことが多く、事故の詳細や示談条件などを記入するには十分といえません。特に加害車両が複数いるような事故の場合、当事者としてすべての加害者が署名押印をする必要がありますが、そのスペースが足りません。その場合は、保険会社の書式に一通り記入し、スペースが足りない欄については、「別紙記載の通り」と注記した上で、別紙に詳しく記載して示談書に添付します。

また、保険会社の書式などを参考にして、独自の示談書を作成するのもよいでしょう。示談は一度成立してしまうと原則としてやり直すことができないので、不安な点は弁護士に相談することが大切です。

では、示談書に書くべき事項と注意点について見ていきましょう。

① 事故当事者の住所・氏名

加害者と被害者の住所・氏名を記入します。運転者と自動車の所有者が異なる場合は、所有者の氏名・住所も記入します。当事者が死亡したために相続人が示談した場合や、複数車両による事故のために加害者が複数いる場合は、すべての人の住所と氏名を記入する必要があります。

② 事故が発生した年月日、時間と場所

この記載によって事故を特定します。「平成○○年○月○日、午前（または午後）○時○分ころ」「○○区○町○丁目○番○号先交差点」というように正確に記載します。

③ 加害車両と被害車両の車種とナ

ンバー（車両番号）

事故車両を特定するために、事故車のメーカー、車種（具体的に）、車両番号を記載します。

④　事故の原因や状況

事故が起きた過程と事故状況をできるだけ詳しく、客観的事実に沿って記載するようにします。自動車安全運転センターが発行する「交通事故証明書」と事実関係が一致していなければなりません。

⑤　示談の内容

加害者と被害者との間でどのような示談が成立したのかを具体的に記載します。支払うべき損害賠償や慰謝料の金額、支払方法（一括なのか分割なのかなど）、支払期限、支払いを怠った場合の遅延損害金（支払期限までに支払わなかった場合にペナルティとして課される金額のこと）、期限の利益喪失約款（分割払いを何回か怠ったときは残額を一括で支払うこととする旨の取り決め）などを記載しておくべきです。

遅延損害金の支払条項によって、支払期限に遅れたら、１日あたりいくらかの利息を支払うことになりますから、相手に心理的な圧力をかけ、結果的に支払を促す効果があります。

さらに、連帯保証人をつけること

も効果的です。加害者の親などの近親者の中で資力があり、安定した収入がある人に連帯保証人になってもらえれば安心でしょう。

また、示談が終了してから後遺症が出た場合はどうするかも決めておきます。一般的には「示談で決めたもの以外は、今後一切請求しないものとする」といった記載をします。

ただ、この記載があるからといって、以後の加害者の責任が完全に免責されるわけではありません。示談が成立した以上、被害者が加害者に対して示談書以外の事項を一切請求できないとなると、後遺症が出た場合に被害者が救われないことになります。そこで、判例においても、示談当時には予想できなかった後遺症が発生した場合に限っては、前の示談とは別に、改めて損害賠償を請求できるとしています。

なお、後遺症が出るかどうかわからないが、早めに示談をしてしまいたいという場合には、「後遺症が出たときは改めて示談交渉を行うものとする」という記載を入れておくとよいでしょう。

⑥　示談が成立した日

通常は示談書を作成した日と一致します。ただ、示談書を公正証書（116

第４章　示談交渉と保険金請求

109

ページ）にする場合などは、示談成立日と示談書作成日が一致しないこともあります。

⑦　署名押印

示談書には、①の事故当事者の全員が自署（自分で自分の名前を書くこと）して、実印（印鑑登録した印鑑）を押すのが最も理想的です（署名押印）。後日、示談の内容で裁判になったときには、自署と押印がしてあれば、本人が自分の意思に基づいて書いたという証拠になります。

PCの文字入力ソフトなどで名前を記載し、横に三文判（認印）を押しただけでは、後日「自分は示談書にサインした覚えはない」と言われた場合、示談書を偽造したものと疑われる可能性もあります。

## 示談書に法律的な強制力をつける手段を知っておく

示談書自体には強制執行（裁判所が強制的に財産を取り上げ、または換価し配当すること）を申し立てる効力がありません。示談内容の履行を確実なものにするために、示談書を公正証書にして、執行認諾文言をつけてもらうのがよいでしょう。

執行認諾文言とは、「債務者（加害者）が金銭債務（賠償金）の支払

いを怠ったときは、強制執行を受けても文句は言わない」という旨の約束のことです。

なお、示談する上で加害者側に連帯保証人をつけた場合は、その連帯保証人にも公証役場まで同行してもらい、保証人として公正証書にサイン（自署）と実印での押印をしてもらうようにするとよいでしょう。

## 示談書には誰がサインするのか

加害者の場合、示談書にサインすべき者は当事者全員です。運転者と車の所有者が異なる場合は、両方の人がサインすることが必要です。車がリースの場合は、リース会社も当事者に入りますので、代表者にサイン（法人の場合は会社名・代表者名・会社印が必要です）してもらうようにします。

営業車などの会社の車（会社の名義になっている車）を運転していて事故を起こした場合は、事故を起こした従業員本人はもちろん、会社の代表者のサインも必要になります。

一方、被害者の場合は、被害を受けた本人がサインをしますが、本人が未成年者の場合は、その法定代理人（両親など）がサインします。死亡事故の場合は、原則として相続人

全員のサインが必要になります。

なお、死亡事故の被害者に内縁の妻がいるとしても、内縁の妻に相続権はありません。しかし、内縁の夫に扶養してもらう権利を侵害されたことについて、内縁の妻に損害賠償請求が認められることがあります。そのため、内縁の妻がいれば、その人も被害者としてサインする場合もあります。

### 示談金を分割払いでもらうとき

加害者に金銭的余裕がなく、示談金を一括で支払ってもらえない場合もあるでしょう。

分割で払ってもらう場合に注意することは、示談書に「期限の利益喪失約款」を定めておくことです。期限の利益喪失約款とは、分割による支払いを怠ったときの取り決めのことです。一般的には「2回続けて支払いを怠った場合、〇〇〇〇は期限の利益を失い、支払うべき示談金の残額を一時に支払わなければならない」という条項が置かれます。

また、遅延損害金についても決めておいた方がよいでしょう。一般的に違約金としての遅延損害金は、支払いを怠った金額の1割程度です。示談書には、「もし、加害者が支払いを怠ったときには、遅延損害金として年利〇〇%の割合による利息を付加して支払うものとする」といった記載をします。

## 示談書に書くべきこと

| | 記載事項 | 注意点 |
|---|---|---|
| 1 | 事故が発生した日時 | 正確に記載する |
| 2 | 事故が発生した場所 | できるだけ詳しく書く |
| 3 | 加害者の住所・氏名 | 正確に記載する |
| 4 | 被害者の住所・氏名 | 正確に記載する |
| 5 | 加害車両と被害車両の車種とナンバー | 正確に記載する |
| 6 | 事故の原因と事故発生状況 | できるだけ詳しく書く |
| 7 | 示談が成立した日 | 正確に記載する |
| 8 | 署名押印（自署押印） | 実印を使用する |

# 書式　死亡事故の示談書

## 示　談　書

| 事故発生日時 | 平成○ 年　○ 月　○ 日　午前/午後　○ 時　○ 分頃 |
|---|---|
| 事故発生場所 | 東京 都道府県　○○区○○町○丁目○番先路上 |

| 加 害 者 甲 | 住所 | 東京都○○区○○町○丁目○番○号 |
|---|---|---|
| | 氏名 | ○○○○　　　　自動車登録番号 ○○○○○○○○○○ |

| 被害者妻乙 | 住所 | 東京都○○区○○町○丁目○番○号 |
|---|---|---|
| | 氏名 | ○○○○ |

事故原因・状況

　丙（乙の夫）は横断歩道を横断中、信号を無視して進入してきた甲運転の車両と接触し、全身を強打して死亡した。

示　談　内　容

1．甲は乙に対し、上記の交通事故による損害の賠償として、金○○○○万円の支払義務のあることを認める。
2．上記損害賠償金の内訳は
（1）乙に対する慰謝料　金○○○○万円也
（2）丙の死亡に関連して支出した葬祭費用　金○○○万円也
3．甲は乙に対し、上記損害賠償金額を以下のとおり支払うものとする。
（1）平成○年○月に金○○○○万円を支払う。
（2）残金は平成○年○月から平成○年○月までにおいて分割して支払う。
（3）甲は上記金額を月末までに乙方に送金して支払う。たとえ1回でも期限までに支払われない時は、乙の催告を要せずして甲は期限の利益を失い、残金を一時に乙に支払わなければならないものとする。遅滞後は年15％の遅延損害金を支払うものとする。
4．乙は甲の自賠責保険、その他保険金に関しての請求、受領に協力するものとする。

　上記の通り示談が成立しましたので、今後本件に関しては、相互に債権債務がないことを確認し、一切の異議、請求の申立てをしないことを誓約致します。

平成○ 年　　○ 月　　○ 日

|  |  |  |
|---|---|---|
| 加害者甲 | 住所 | 東京都○○区○○町○丁目○番○号 |
| | 氏名 | ○○○○　㊞ |
| 被害者妻乙 | 住所 | 東京都○○区○○町○丁目○番○号 |
| | 氏名 | ○○○○　㊞ |

# 書式　傷害事故の示談書

## 示　談　書

| 事故発生日時 | 平成○ 年　○ 月　○ 日　午前/午後　○ 時　○ 分頃 |
|---|---|
| 事故発生場所 | 東京 ㊠道府県　○○区○○町○丁目○番先交差点 |
| 当事者甲 | 住所　東京都○○区○○町○丁目○番○号 |
| | 氏名　○○○○　　　　　自動車登録番号 ○○○○○○○○○○ |
| 当事者乙 | 住所　東京都○○区○○町○丁目○番○号 |
| | 氏名　○○○○ |

事故原因・状況

　　甲の運転する加害車両が交差点を右折したところ、横断歩道を横断中の乙
　をはね、乙に上腕部骨折、左下腿部打撲の傷害を負わせた。

示　談　内　容

　　1．甲は乙に対して、本件事故による損害賠償金として、既払金の他に
　　　金○○万円の支払い義務があることを確認し、これを平成○年○月○
　　　日までに乙の指定する銀行口座に送金して支払う。
　　2．　1の期限に遅れた場合には、年15％の遅延損害金を支払うものとす
　　　る。

　　上記の通り示談が成立しましたので、今後本件に関しては、相互に債権債務
がないことを確認し、一切の異議、請求の申立てをしないことを誓約致します。

平成○ 年　○ 月　○ 日

　　　　　当事者甲　住所　東京都○○区○○町○丁目○番○号
　　　　　　　　　　氏名　　　○○○○　　㊞
　　　　　運転者　　住所
　　　　　　　　　　　　　　　同　上
　　　　　　　　　　氏名　　　　　　　　　㊞
　　　　　当事者乙　住所　東京都○○区○○町○丁目○番○号
　　　　　　　　　　氏名　　　○○○○　　㊞

## 書式 物損事故の示談書

# 示 談 書

| 事 故 発 生 日 時 | 平成○ 年 ○ 月 ○ 日 午前/午後 ○ 時 ○ 分頃 |
|---|---|
| 事 故 発 生 場 所 | 東京 都道府県 ○○区○○町○丁目○番交差点 |
| 当 事 者 甲 | 住所 東京都○○区○○町○丁目○番○号 |
| | 氏名 ○○○○ 自動車登録番号 ○○○○○○○○○○ |
| 当 事 者 乙 | 住所 東京都○○区○○町○丁目○番○号 |
| | 氏名 ○○○○ 自動車登録番号 ○○○○○○○○○○ |

事故原因・状況

　甲が青信号に従って直進し上記交差点に差し掛かったところ、対向車線から右折してきた乙運転の車両と衝突し、双方の車両につき破損を生じた。

示 談 内 容

1. 甲所有の自動車の修繕費見積もり金額は金○○○○円であり、乙所有の修繕費見積もり金額は金○○○○円である。
　なお、見積もり金額につき、事故の過失割合から判断して、甲に２割の負担、乙に８割の負担があるものとする。
2. 1に示した負担割合に従って過失相殺を行い、乙は甲に対して平成○年○月○日に金○○○○円を支払うものとする。
3. 乙は、上記金額を平成○年○月○日までに、甲方に持参または送金して支払う。なお、期限に遅れた場合には、年15％の遅延損害金を支払うものとする。

　上記の通り示談が成立しましたので、今後本件に関しては、相互に債権債務がないことを確認し、一切の異議、請求の申立てをしないことを誓約致します。

平成○ 年 ○ 月 ○ 日

　　　当事者甲 住所 東京都○○区○○町○丁目○番○号

　　　　　　　 氏名 ○○○○ ㊞

　　　当事者乙 住所 東京都○○区○○町○丁目○番○号

　　　　　　　 氏名 ○○○○ ㊞

# 7 示談を公正証書にしておくと強制執行ができる

## 被害者と加害者が公証役場に出向いて作成してもらう

### 保険会社と示談交渉する際のポイント

　保険会社と示談交渉を行う場合、事故により得られなかった収入（逸失利益）、過失割合、後遺症などについて意見が対立することがあります。

　まず、収入については、確定申告書の所得金額などが主な資料となります。それ以上の収入がある場合、帳簿などによる証明が必要です。

　過失割合については、保険会社が賠償額の減額の主張をするかもしれません。事故の目撃者の証言や警察の資料等による裏付けが必要です。

　また、後遺症の軽重・治療期間等については、医師に詳細な診断書を作成してもらいましょう。

### 保険会社が関与していない示談内容を守らせるには

　示談が成立したら、保険金などの請求をすることになります。保険会社への請求は別として、加害者本人から直接支払ってもらう場合には、示談時の一括払いが望ましいでしょ

う。しかし、加害者に損害賠償金を一括で支払うだけの資力がないこともあります。その場合は、分割払いで支払ってもらうことになります。

　分割払いにした場合に問題となるのは、加害者が最後まできちんと賠償金を支払ってくれるかわからないということです。そこで、示談書の作成にあたって、加害者に損害賠償金を確実に支払ってもらうための対策を講じておく必要があります。

　まず、示談書には遅延損害金の条項を入れておくようにします。この条項によって、支払期限に遅れたら本来の損害賠償金に追加して遅延損害金を支払うことになりますから、加害者に心理的な圧力をかけ、結果的に支払を促す効果があります。また、期限の利益喪失約款（111ページ）の条項も記載します。次に、連帯保証人をつけることも大切です。加害者の親などの近親者の中で資力があり、安定した収入がある人に連帯保証人になってもらえれば安心でしょう。

第4章　示談交渉と保険金請求

115

## 示談書に法律的な強制力をつける手段を知っておく

示談書は一種の契約書ですから、示談書に記載してある債務（慰謝料の支払義務など）を債務者（加害者）が履行しなかった場合は、債務不履行（支払を怠ること）を理由として、裁判所に訴えを提起することができます。示談書自体には強制執行（裁判所が強制的に財産を取り上げ、または換価して配当すること）を申し立てる効力がないので、必ず裁判上の手続き（勝訴判決）を経た上で、強制執行を行います。

ただ、このような煩雑な手続きを経なくても、債務不履行があった場合に、裁判によらずにいきなり強制執行を申し立てて債務者の財産を差し押さえ、競売にかけて債権を回収できる方法があります。これが公正証書です。特に示談書を執行認諾文言（執行認諾約款）のついた公正証書（110ページ）にすることで、裁判をしなくても強制執行を申し立てることができます。

一括で賠償金を払ってもらえるのであれば、示談書を公正証書にする必要はありませんが、分割払いの場合は、必ず執行認諾文言付きの公正証書にしておくべきです。また、即決和解という手段もあります。即決和解とは、当事者間で示談が成立したら、簡易裁判所（通常は加害者の住所を管轄する簡易裁判所）に申し立てて、和解調書を作成してもらうという方法です。

## 公正証書の作成方法

申請前に公正証書の作成について当事者の合意が必要

**申請書類を再チェック**
- 公正証書にしたい文面
- 法人の場合には代表者の資格証明書や商業登記事項証明書など
- 個人の場合には実印と印鑑証明書など

最寄りの公証役場へ行く

公証人が文書（公正証書）を作成

## 8 事実関係の確認にはまず内容証明郵便を出す

送付することで相手に心理的プレッシャーをかけることができる

### 内容証明郵便とは

　内容証明郵便は、誰が、いつ、どんな内容の郵便を、誰に送ったのか、を郵便局（日本郵便株式会社）が証明してくれる特殊な郵便です。

　内容証明郵便を配達証明付というものにしておけば、郵便物を発信した事実から、その内容、さらに相手に配達された事実まで証明をしてもらえます。加害者に交通事故による損害賠償を請求しているような場合、

それまで何度請求してもなしのつぶてだったのが、分割払いの申し出があったり、支払延期の申し出があったりするかもしれません。

　内容証明郵便を送ることで、直接相手方と顔を合わせることなく、主張内容を伝えることができるという利点があります。その反面、証拠として残るため、強迫的な文言等を用いてしまうと、後になって訴訟に及んだ時に、かえって自分に不利な証

### 内容証明郵便の書き方

| 用　紙 | 市販されているものもあるが、特に指定はない。<br>手書き、ワープロ入力のどちらでも可。<br>B4判、A4判、B5判が使用されている。 |
|---|---|
| 文　字 | 日本語のみ。かな（ひらがな、カタカナ）、<br>漢字、数字（漢数字）、かっこ、句読点。<br>外国語（英字）は不可（固有名詞に限り使用可） |
| 文字数と<br>行　数 | 縦書きの場合　　：20字以内×26行以内<br>横書きの場合①：20字以内×26行以内<br>横書きの場合②：26字以内×20行以内<br>横書きの場合③：13字以内×40行以内 |
| 料　金 | 文書1枚（430円）＋ 郵送料（82円）＋<br>書留料（430円）＋ 配達証明料（差出時310円）<br>＝1252円　　文書が1枚増えるごとに260円加算 |

拠として用いられることもあるため、文面には注意が必要です。

　内容証明郵便の書き方は前ページ図の通りです（サンプル例は下図参照）。受取人が1人の場合でも、同じ内容の文面を最低3通用意する必要があります（1通を書いて残りの2通はコピーしたもので大丈夫です）。郵便局ではそのうち1通を受取人に送り、1通を郵便局に保管し、もう1通は差出人に返還されます。同じ内容の文面を複数の相手方に送る場合には、「相手方の数＋2

通」を用意することになります。

　郵便局に提出するのは、内容証明の文書、その文書に記載された差出人・受取人と同一の住所・氏名が書かれた封筒です。窓口で、それぞれの書面に「確かに何日に受け付けました」という内容の証明文と日付の明記されたスタンプが押されます。その後、文書を封筒に入れて再び窓口に差し出します。そして、引き替えに受領証と控え用の文書が交付されますので、大切に保管しておいてください。

## 被害者が運行供用者に損害賠償を請求する文例

交通事故による損害賠償請求書

平成○年一月一五日午前一一時頃、私は東京都○○区○○○一丁目二番三号　先交差点の横断歩道を横断中、貴社従業員・松川竹男氏がその勤務中に運転する普通乗用車に接触されたため転倒し、右腕上腕部を骨折しました。その右事故では貴社が運行供用者であるので、次の損害を賠償するよう請求します。

記

一　治療費　　　　　　　　　　　金二〇万円
二　通院交通費　　　　　　　　　金三〇万円
三　休業損害等逸失利益　　　　　金四〇万円
四　傷害慰謝料　　　　　　　　　金七五万円
　　合計　　　　　　　　　　　　金一三八万円

平成○年三月一五日

東京都○○区○○○三丁目一番一号
請求人　甲山太郎　印

東京都○○区○○○一二三番地
被請求者　○○○○株式会社　鶴亀商事
代表取締役　乙川次郎　殿

## 9 裁判所を利用してトラブルを解決する

調停、少額訴訟、訴訟などがある

### 民事調停とはどんなものか

　話し合いで紛争を解決したいと考えたとき、すぐに思い浮かぶ方法が調停です。調停は、第三者である調停機関が紛争の当事者双方の合意が得られるように説得しながら、和解が成立するために努力する手続きです。簡易裁判所で行われる民事調停は、交通事故に関する紛争を解決する手段としてもよく利用されています。

　調停の申立ては、簡易裁判所に申立書を提出して行います。話し合いは、当事者と調停委員がテーブルを囲んで比較的和やかな雰囲気で行われます。主に2人の調停委員が当事者から事情を聞いて、紛争の要点を把握していきます。話し合いがまとまれば、裁判官の立ち会いの下に、調停内容が読み上げられます。調停が成立すると、調停調書には確定判決と同一の効力が与えられていますので、もし相手方が調停内容を履行しない場合は、強制執行（121ページ）に踏み切ることもできます。

### 訴訟を起こす場合の訴額や管轄

　訴えを提起する裁判所は、簡易裁判所か地方裁判所になります。訴額が140万円以下の場合は簡易裁判所、140万円を超える場合は地方裁判所が、第一審の管轄裁判所になります。この場合の140万円には、利息や遅延損害金は算入しません。つまり、通常は元本の金額になります。

　また、訴えを起こす裁判所は、原則として被告の住所地を管轄する裁判所です。被告が会社などの法人であれば、その主たる事務所（本社）または営業所の所在地、いずれもないときは主たる業務担当者の住所地を管轄する裁判所に提起します。交通事故に遭った場合は、不法行為が行われた場所（事故が起こった場所）を管轄する裁判所を選ぶこともできます。

### 少額訴訟とは

　少額訴訟については、裁判所の受付センターや受付窓口に各種の訴状の定型用紙が備えつけられていて、

119

それに適宜必要事項を記載すればよい形になっています。少額訴訟で扱われるのは、60万円以下の金銭支払請求に限られています。少額訴訟では、原則として1回の期日で双方の言い分を聞いたり証拠を調べたりして、直ちに判決が言い渡されます。通常の民事訴訟では、提出できる証拠について制限はありませんが、少額訴訟では証拠はすぐに取り調べができるものに限られています。

## 通常訴訟について

民事訴訟は、当事者の一方が訴状を裁判所に提出することによって始まります。裁判所は、期日（口頭弁論期日）に裁判所へ出頭するように当事者双方に呼出状を送ります。

口頭弁論期日には、まず、原告が訴状を口頭で陳述します。次に、被告がすでに提出してある答弁書に基づいて、原告の陳述内容を認めるのか、それとも反論するのかを口頭で答えます。実際の陳述は簡略化されていて、原告は「訴状記載の通り陳述します」と述べ、被告は「答弁書記載の通り陳述します」と言って終了するのが普通です。

次に、争点を整理する作業が行われます。原告の請求のうち、被告が

どのような点を争い、どのような点は争っていないのかを明確にするのです。そして、事実関係について争いがあれば、どちらの主張が正しいのかを判断するために証拠調べが行われます。証拠調べは裁判官の面前で行われますが、どのような証拠を提出するかは当事者の自由になっています。証拠調べを経て、争いがある事実につき原告・被告のいずれの主張が正しいのかを裁判官が認定し、訴状の内容の当否が判断可能になると、口頭弁論は終結します。

一定の期日が経過すると、裁判所はあらかじめ指定しておいた期日に当事者を呼び出して判決を言い渡します。判決は、原告の請求に対する裁判所の判断です。裁判所が、原告の請求が正しいと判断したときは、原告の請求を認容します。この場合は、訴状の「請求の趣旨」欄に記載された通りの判断、たとえば、「被告は原告に対し金○○を支払え」といった判決を言い渡します。

原告の請求が正しくないと判断したときは、請求棄却（訴えそのものは受けつけるが原告の訴えが正当ではないとするもの）の判断になります。この場合は、「原告の請求を棄却する」という判決を言い渡され、

第一審の手続は終了します。

## 強制執行とは

苦労して手に入れた勝訴判決（確定判決）でも、それだけでは権利の実現も完全ではありません。被告が判決に従って、自主的に判決内容を実現する場合はよいのですが、判決などまったく意に介さない人もいます。そのような場合には、**強制執行**をしなければなりません。

強制執行は、国家機関が、権利者の権利内容を強制的に実現してくれる手続きです。たとえば、交通事故の損害賠償請求訴訟に勝訴した原告が強制執行する場合には、判決に基づいて裁判所や執行官などの執行機関が被告の財産を差し押さえ、競売をしてお金に換え、それを原告に渡してくれます。原告は判決内容通りの結果を得られるのです。

強制執行をするには、強制執行の根拠となる債務名義と呼ばれるものを手に入れなければなりません。債務名義は、確定判決が代表的なものですが、それ以外に執行受諾文言（執行認諾文言）付公正証書や調停調書・和解調書・仮執行宣言付支払督促などがあります。次に、債務名義の末尾に「強制執行をしてもよろしい」という「執行文」をつけてもらいます。

そして債務者が通知を確かに受け取ったという送達証明書を手に入れます。送達証明書は、債務者に「こういう内容の強制執行をします」という予告です。

以上、「債務名義・執行文・送達証明書」の3点セットがそろってはじめて強制執行をしてもらう準備ができたことになります。

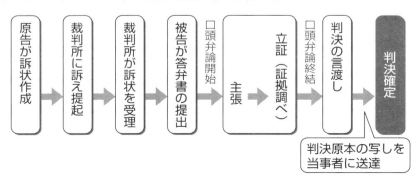

**訴え提起から判決まで**

## 相談29 示談交渉が長引き賠償金が支払われない場合

**Case** 2か月ほど前、私が歩道を歩いていたところ、居眠り運転の乗
用車が突っ込んできて、全身打撲と骨折の重傷を負って入院しました。
しかし、加害者との損害賠償の交渉は遅々として進まず、入院が長引
くにつれて、治療費や生活費などの出費が膨らんで、先行きの生活が
不安です。どうすればよいでしょうか。

**回答** 示談交渉が長引いているせいで、加害者側から賠償金が受け取
れない場合、強制保険（自賠責保険）の仮渡金を請求する方法と、裁判
所に対して仮処分を申請する方法が考えられます。

まず、強制保険については、加害者側だけでなく被害者側からも保険
会社に対して請求できます（被害者請求）。したがって、まず保険会社に
対して仮渡金の請求をすべきです。ただ、強制保険の仮渡金は低額です（傷
害を受けた者1人につき5～40万円です）。

そのため、出費がかさんでいる人にとっては、仮払金は不十分かもし
れません。そこで、次善の策として、仮処分を利用する方法が考えられ
ます。これは、被害者側から裁判所に対して、損害賠償金の仮払いを求
める仮処分命令（仮の地位を定める仮処分）を申し立てる方法です。仮
処分命令の申立ては、示談交渉が長引いている場合に、被害者が経済的
に困窮している状況に付け込んで、加害者が低額で示談を早期に取りま
とめようとすることを防ぐ効果も期待できます。

仮処分命令がなされるための条件は、①被害者が加害者に対して損害
賠償の請求訴訟を起こして勝訴する見込みがあること、②現在治療費や
生活費に困っていることが一応確からしいと裁判所に認められることで
す。仮処分命令がなされると、毎月の治療費と最低生活補償費は確保で
きます。しかし、働いていたら得られたであろう逸失利益や慰謝料まで
の請求は難しいと思われます。仮処分に関しては手続きが専門的なので、
弁護士に相談してみるとよいでしょう。

# 10 示談成立後の保険金請求の手続き

## 強制保険で不足する分は任意保険で補てんする

### 強制保険を請求するときの手続き

　加害者と被害者との間で示談が成立したら、保険会社に保険金を請求することになります。一方、交通事故の示談交渉を始めたものの、加害者が言を左右にして、誠実に示談交渉に応じてくれず、なかなか進展しないということもあります。治療などで金銭的な負担がかかった被害者としては、少しでも早く損害賠償金を受け取りたいところでしょう。

　しかし、示談が成立していないうちは、支払われるべき損害額が確定していないわけですから、原則として保険金を請求することはできません。ただ、事故で負ったケガの治療が長引いた場合には、示談成立前であっても、強制保険（自賠責保険）の仮渡金（130ページ）を請求できるケースがあります。

　事故の加害者が入っている強制保険に保険金を請求するのは、原則として加害者本人です。加害者本人が成立した示談に基づいて被害者に賠償金を支払い、その支払った分を保険会社に請求するというのが原則です。ただ、この方法だと、加害者が受け取った保険金を被害者に渡さないことも考えられます。

　そこで、加害者に誠実さがなく示談に立ち会ってもらえない場合や、示談が成立しているのに加害者が自分の加入している保険会社に保険金を請求しない場合には、被害者の方から加害者の保険会社に対して直接保険金を請求することもできます。これを被害者請求といいます。

　なお、強制保険は被害者保護の観点から加入が義務付けられている保険であり、人身事故の場合だけしか保険金は支払われません。物損事故では強制保険から保険金が出ませんので注意してください。

### 任意保険を請求するときの手続き

　強制保険では保険金の支払目的が限定されています。そこで、強制保険で足りない部分や支給されない部分の損害額を補てん（埋め合わせ）するために任意保険があります。任

123

意保険に加入するかどうかは自由ですが、強制保険の対象外である物損事故に限らず、人身事故があった場合に強制保険から支払われる保険金だけで足りるということはまれです。ですから、任意保険は万が一の場合に備えて必ず加入しておくべき保険なのです。

任意保険の請求手続きは、まず強制保険に請求して、強制保険で不足する分の保険金について、別途保険会社などに請求するのが原則です。ただ、これでは手続きが煩雑になってしまいます。

そこで、任意保険に加入している場合は、いったん任意保険の保険会社（農協の場合もあります）の方で、損害額の全額の支払をします（一括払）。その後、任意保険の保険会社の方で、強制保険の保険会社に対して、強制保険で支払われるべきだった保険金を請求するようにしています。保険金請求の際に用意する書類は、強制保険と任意保険でほぼ同じですが、保険会社によって多少必要書類が異なります。

なお、基本的には、任意保険も強制保険と同様に、示談が成立していることが保険金を請求する場合の前提となります。

## 強制保険の請求をした後の流れ

保険会社に強制保険（共済）の請求書提出

保険会社が書類に不備がないことを確認し、損害保険料率算出機構の調査事務所へ送付

請求書類に基づいて損害額などの調査を行う

損害保険料率算出機構の調査事務所が保険会社に調査結果を報告する

保険会社が支払額を決定し、請求者に保険金を支払う

**相談30** 示談成立後に後遺症が出たらどうする

**Case** 1年前に交通事故に遭ったのですが、たいしたケガもなかったので、「示談金以外には加害者に損害賠償を請求しない」という念書を入れて、50万円の示談金を受け取る示談をしました。ところが、それから半年経過したころから、首を自由に動かすことが困難になり、1年経った今ではまったく首がまわらなくなってしまいました。医者の診断では交通事故の後遺症だということです。仕事もできず大変困っているのですが、私はもう損害賠償を請求できないのでしょうか。

**回答** 一般に、示談書には「加害者が賠償金として○○○円を支払う」「被害者は賠償金以外の請求を一切しない」といった条項を入れる場合が多いようです。これは、加害者が賠償金を支払った後も、被害者から不当な金銭的請求を受け続ける危険を防止するためです。

しかし、被害者としても、交通事故によるケガが治ったと思っていても、何年かした後に後遺症が発症することもあります。「示談当時には後遺症が発症するということをまったく予想できなかった」という場合が絶対にないとは言い切れません。

後遺症が発症したにもかかわらず、示談時に「賠償金以外は一切請求しない」という条項を入れたために、後遺症による損害賠償がまったく行えないとするのでは、被害者にとっては非常に過酷ではないかと考えられます。本ケースのように、示談成立から1年後にまったく首がまわらなくなり、交通事故の後遺症であると医者が診断した場合などは、何らかの救済が必要であるといえます。

そこで、示談当時に予測できなかった後遺症が発生した場合には、「被害者は賠償金以外の請求を一切しない」との条項にかかわらず、加害者に対して損害賠償をすることが認められています。ただ、示談当時に取り決めた賠償金に後遺症分の賠償も含まれていると解釈される場合は、後遺症の賠償請求は難しいといえます。

## 相談31 示談成立後に加害者が死亡した場合

**Case** 酒酔い運転の自動車にはねられて足に重傷を負い、後遺障害が残らずに治療が終了した後に、示談交渉したところ、加害者が被害総額900万円の損害賠償を支払うとの示談が成立しました。しかし、示談成立の直後、加害者からの支払いが行われる前に、加害者本人が脳梗塞のため急逝してしまったのです（事故との因果関係はないと判断されています）。加害者の遺族は、本人の妻と3人の子供ですが、損害賠償はどうなるのでしょうか。

**回答** 本ケースのように加害者本人との間で示談が成立している場合、損害賠償額が確定しており、損害賠償請求権が具体的に発生しています。

そのため、加害者がその後に死亡したとしても、加害者本人の死亡によって、損害賠償請求権が消滅してしまうわけではありません。加害者本人が死亡した場合、その時点で相続が開始されますが、借金といった債務、つまりマイナスの財産も相続の対象となります。

このことから、損害賠償請求権、つまり加害者にとっての債務も死亡によって相続人に相続されます。それぞれの相続人への請求額については、原則として民法に法定相続分として規定されている比率に従って相続されます。

たとえば、本ケースの場合、示談成立の直後に加害者本人が死亡しても、被害者に支払うべき損害賠償額900万円は確定しています。

加害者の相続人は妻と子供3人ですので、法定相続分は妻が2分の1、子供3人が2分の1となります。そして、子供3人で2分の1の法定相続分を等分するので、被害者は、妻に対し450万円、子供3人に対し各150万円ずつの支払いを請求できます。ただ、相続を放棄する者が出てきた場合、その者が相続人ではないとみなして法定相続分を計算しますので、注意してください。

126

# 第５章

## 自賠責保険と
## 任意保険のしくみ

# 1 自賠責保険とはどのような保険なのか

**自賠責保険は人身損害についてだけ保険金が支給される**

### ┃ 強制保険・任意保険

　自動車保険は、加入が強制されている自動車損害賠償責任保険（強制保険）と、加入が強制されていない任意保険の２本立てになっています。強制保険は、その名の通り法律で加入が義務付けられている保険（自賠責保険）です。一方、強制保険でカバーしきれない部分の損害賠償金を補うのが任意保険です。任意保険には特約を追加することができます。

　交通事故の被害者は加害者から損害賠償を受けることになりますが、任意保険（自動車保険）に入っていなければ、加害者がまったく資力のない人であった場合、被害者は救われません。そこで、強制的に保険に加入させることで、最低限の補償を確保し、被害者の保護を図ろうとする制度が強制保険です。被害者保護という制度の趣旨のため、人身損害についてだけ保険金が支給されます。つまり、物損事故については、強制保険から保険金の支給はありません。

　なお、強制保険については、自賠責保険の代わりに、農協、全労災などの自賠責共済に加入することもできます。

　自賠責保険に加入していない自動車（無保険車）は、公道を走ることができません。これに違反して運転すると、１年以下の懲役または50万円以下の罰金が科されます。強制保険と呼ばれるのはそのためです。

　人身損害については、傷害による損害（死亡に至るまでの傷害による損害も同じ）で120万円、死亡による損害で3000万円が自賠責保険からの支払限度額とされています。

　また、後遺障害が残った場合については、14級から１級まで等級が定められており、損害の程度によって支払限度額が定められています。支払限度額は、一定の障害に該当し、常時介護を要する後遺障害の場合は4000万円、それ以外の場合は3000万円がそれぞれ支払限度額となっています。

　たとえば、傷害事故で賠償額が120万円を超える場合は、加害者が

任意保険に加入していれば、超過分について任意保険から補てんを受けることができます。

## 運行供用者責任が認められる場合に支給される

自賠責保険は、自動車を運転していた者に対して、自動車損害賠償保障法3条の運行供用者責任が認められる場合に支給されます。

逆に言えば、運行供用者にあたらない場合には、自賠責保険から保険金は支払われません。たとえば、盗んだ車で事故を起こした場合には、第三者に運転を容認していたとは認められないため、原則として車の所有者に対して運行供用者責任が発生せず、保険金は支給されません（もちろん泥棒した運転者本人は責任を負います）。ただ、キーをつけたまま路上に車を停車していて盗難にあった場合のように、所有者に車の管理上の問題があった場合は、車の所有者に運行供用者責任が発生しますので注意してください。

## 加害者請求と被害者請求

自賠責保険の支払いを請求できる

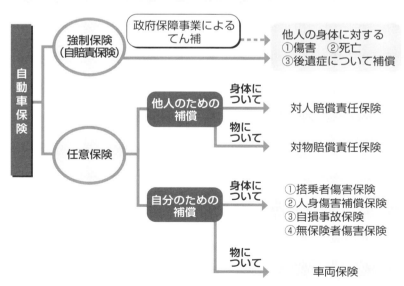

自動車保険の種類

のは、原則として保険に加入している本人（加害者）です。これを**加害者請求**といいます。

これに対して、たとえば、事故の過失割合について当事者間に争いがある場合や、加害者が任意保険に加入していない場合には、加害者が損害賠償金を支払わないケースがあります。このような場合に、被害者から加害者の保険会社に対して損害賠償金の支払いを請求することができます。これを**被害者請求**といいます。

被害者請求には、仮渡金請求と本請求の2つの請求方法があります。**仮渡金請求**は、示談成立前の損害賠償額が確定していない段階で、被害者が請求できるものです。一方、**本請求**は、実際に被った損害額をもとにして請求するものです。

自賠責保険で支給される保険金は、被害者に対する損害賠償としての最低限の補償額であり、支給額の上限が決まっています。たとえば、後遺症が残った場合は最高3000万円（被害者に介護が必要になった場合などの一定の後遺傷害の場合は4000万円）、負傷の場合は最高120万円、死亡の場合は最高3000万円などと定められています。

かつては休業損害や治療費などの賠償金の支払を、加害者及び被害者が10万円単位で請求できる内払金請求というのも認められていましたが、現在では廃止されています。

## 仮渡金を請求する場合

交通事故で負傷して入院した場合に、症状によっては入院期間が長期にわたることもあります。この間、収入がなかったり、あっても十分でない場合には、被害者側の生活は苦しくなってしまいます。加害者側も損害額が確定していない段階では、損害賠償金の支払いには応じないのが一般的です。

このような場合に、上述した自賠責保険の仮渡金の制度を利用するとよいでしょう。仮渡金は損害賠償金の一部を先渡ししてもらえる制度です。死亡または一定程度の負傷をしたことの証明書があれば、損害賠償責任や損害額が確定していなくても、死亡した者につき290万円、傷害を受けた者につき5～40万円の仮渡金の支払いを受けることができます。請求手続きは被害者請求の場合と同じです。請求後、1週間程度で仮渡金を受け取ることができます。

## 2 健康保険を上手に活用しよう

必要書類をそろえて協会の支部や健康保険組合に提出する

### 健康保険を使った方がよい場合もある

交通事故で負傷を負い、病院などで治療を受ける場合、自賠責保険、健康保険、労災保険（業務中または通勤途上の事故に限られる）の3つの保険を使うことが可能です。

加害者が任意保険に加入している場合、医療機関は自賠責保険負担分も含めて、任意保険の保険会社に保険金の支払いを請求するのが一般的です。しかし、加害者が任意保険に加入しておらず、被害者として十分な損害賠償を受けることが期待できない場合、健康保険や労災保険を利用するのが有利です。

交通事故による負傷の場合、健康保険（または国民健康保険）が使えないと思っている人が多いようですが、健康保険は使えますので覚えておきましょう。健康保険を使った方が、結果的に自己負担が少なくてすむ場合もあります。

かすり傷程度の軽傷で入院の必要もなく、1回の診察で終わるような場合であれば、健康保険を使わずに自費で支払い、後日、立て替えた診療費を加害者に対して請求するという方法もよいでしょう。しかし、入院した場合などは、かなりの治療費がかかりますので、自己負担で立て替えておくのは経済的に相当な負担になります。

また、交通事故の後遺症はすぐには症状が表れず、むち打ち症などについては、何年も経ってから自覚症状が出るということもあります。そのため、外見上は何ら変わったところがなくても、交通事故に遭った場合は、必ず医師の診断を受けるようにしましょう。その上で、医師の判断を仰ぎ、健康保険を使うかどうか決めるという方法もあります。

被害者である自分にも過失があり、過失相殺（162ページ）されることが予想されるのであれば、相殺される部分の治療費が最終的には自己負担になるため、最初から健康保険を使う方が有利な場合もあります。

自賠責保険では、交通事故による

第5章 自賠責保険と任意保険のしくみ

131

負傷について最高120万円まで賠償してもらえますので、一般的には限度額いっぱいまでを治療費にあて、120万円を超える部分の金額について健康保険を使っているようです。

## 高額療養費制度がある

健康保険（国民健康保険を含む）には、同一の月に支払った医療費が一定額を超えた場合に、申請によってその超えた部分の金額が支給されるという制度があります。これを高額療養費制度といいます。

年齢や所得によって基準は異なりますが、70歳未満の人で所得区分が上位所得者にも低所得者にも該当しない人（年収約370～約770万円）の場合には、次の算式で算出された金額を超える部分が戻ってきます。

80,100円＋（医療費－267,000円）×0.01＝自己負担限度額

なお、75歳以上の人は、後期高齢者医療制度という健康保険制度とは別の制度の対象となるため、その内容を確認しておく必要があります。

たとえば、入院治療をして100万円かかったとします。この場合、健康保険の自己負担割合は3割ですから、医療機関の窓口で支払うのは30万円です。この30万円を基準として

一定額が高額療養費として戻ってくるわけです。このケースの自己負担限度額は、

80,100円＋（1,000,000円－267,000円）×0.01＝87,430円

となります。よって、窓口で支払った30万円との差額である

300,000円－87,430円＝212,570円

が高額療養費として戻ります。ただし、上位所得者や低所得者については別の計算式になります。

また、世帯で合算して計算することができる場合もあります。さらに、医療機関や請求期間などについて決まりがありますので、詳しく知りたい場合は、全国健康保険協会（協会けんぽ）の都道府県支部や各健康保険組合に確認してみてください。

最後に健康保険を利用する場合の手続きですが、交通事故による負傷について健康保険を使う場合、①第三者の行為による傷病届、②事故発生状況報告書（150ページ）、③念書の3つの書類に、④交通事故証明書、⑤示談書（示談が成立している場合）を添えて、全国健康保険協会の都道府県支部または各健康保険組合に提出します。これで通常の病気やケガの場合と同じように、医療機関で入院や診療を受けることができます。

132

# 3 労災保険を活用しよう

### 保険金の支払は負傷または死亡した当時の賃金が基準になる

## 労災保険を利用する場合とは

労災保険（労働者災害補償保険）とは、労働者が業務上の事由または通勤によって、負傷し、疾病（病気）にかかり、障害を負い、または死亡した場合（労災）に、当該労働者やその遺族に対して必要な給付を行うことを目的とする保険です。

業務上の事由とは、原則として仕事中を指します。通勤とは、労働者が仕事に向かい、または帰宅するために、住居と就業場所（一般的には会社や工場）との間を、合理的な経路を利用し、かつ、合理的な方法で往復することを指します。たとえば、仕事帰りにパチンコや居酒屋に寄ることは「通勤」に含まれません。

交通事故で労災を請求する場合、「第三者行為災害届」を労働基準監督署に提出して給付を請求します。

健康保険などと違って、労災保険の保険料は全額事業主が負担しています。労災保険はすべての労働者の保護を目的としているため、会社ができたばかりで届出（保険関係成立

届）を提出していないときに起きた事故や、事業主が労災保険の保険料を滞納している期間に起きた事故でも利用できます。ただ、このような期間に起きた事故については、後日、事業主に対して割増の保険料が請求される場合があります（労働者の負担は一切ありません）。

労災保険で支給される保険金（保険給付）は、労働者の負傷・疾病・障害・死亡の当時の賃金が基準となります。たとえば、業務中の事故で負傷して、1か月間入院した場合であれば、1か月分の平均賃金相当額の約8割（正確にいうと8割のうち2割の部分は休業特別支給金として支給されます）の保険金が支給されます（休業補償給付）。

また、労働者が労災によって、負傷して後遺症が残った場合は当該労働者に対し、死亡した場合は当該労働者の遺族に対し、年金や一時金が支給されます（障害補償給付・遺族補償給付）。

なお、労災保険と自賠責保険の両

第5章　自賠責保険と任意保険のしくみ

133

方が使える場合、同時に利用することはできません。労災保険の保険金が先に支払われた場合は、自賠責保険からの賠償金は受けられないことになっています。逆に、自賠責保険の支給が先であった場合は、労災保険の支給が一定期間（最大で労災発生後3年間）停止されます。損害の補てん（埋め合わせ）を二重に受けることは公平といえないからです。

### 労災保険が支給される場合

傷害で済んだ場合ですが、労災保険の指定する医師の診察を受ければ治療費は無料で、その他の医師の場合は治療費が支給されます（療養補償給付）。仕事を休むことによって収入が減った分については、上述した休業補償給付が支払われます。治療が長引いた場合は、その程度に応じて休業補償給付に代えて傷病補償年金が支払われます。また、後遺症についても、その程度に従って年金または一時金が支給されます。

不幸なことに、労働者が死亡に至った場合は、遺族に対して年金（遺族補償年金）が支払われます。葬祭料も給付されます。

以上のように、交通事故に遭った被害者が労災保険から保険給付を受けた場合、加害者への損害賠償請求をする際には、被害者の損害額全額から保険給付分を控除しなければなりません。労災保険は労災の被害を受けた労働者の損害をてん補する制度で、損害賠償と同じ趣旨に基づいているからです。なお、労災保険の保険給付があっても加害者の負担が軽減されるわけではありません。労災保険の保険給付の分は、後に国から加害者に請求されます。

**労災保険と自賠責保険の補償の調整**

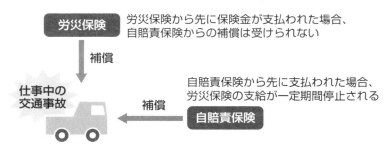

# 4 自賠責保険の請求方法を知っておこう

**仮渡金の請求方法についても知っておく**

## 相手の保険会社を確認する

　自賠責保険（強制保険）は、原則として加害者本人が請求しますが、場合によっては被害者から請求が行われる場合もあります。

　被害者請求をする際には、まず、加害者の加入している保険会社を調べる必要があります。

　車検証と自賠責保険の保険証券はいっしょにして、車内に置いている人が多いですから、その場合は、車検証と保険証券をコピーさせてもらうようにします。

　加害者が加入している保険会社がわからない場合は、事故証明書（交通事故証明書）で確認します。事故証明書は自動車安全運転センターで発行してもらう証明書で、事故があった事実や状況を公的に証明してくれるものです。事故証明書には、加害者が加入している自賠責保険の損害保険会社名も記載しています。

　事故証明書の交付申請書は警察や損害保険会社に置いてあります。交付申請書をもらってきたら、必要事項を記載して、郵送で自動車安全運転センターに申し込みます。申込みの際、事故証明書1通につき交付手数料540円（払込手数料は別）が必要です。

## 被害者が生命保険などに加入している場合

　交通事故の被害者は、加害者に対して損害賠償を請求できますが、自分が加入している保険や共済などから保険金が支給されるものがあれば、そちらの支給手続きもしておくとよいでしょう。生命保険では特約で交通事故でも支給されるものがあります。また、現在では、死亡事故の場合に保険金が上乗せで支給される生命保険が一般的です。

## 仮渡金を請求する場合

　被害者が交通事故で負傷し、長期間に及んで入院しなければならない場合もあり得ます。入院期間中は、通常は仕事を行うことができないでしょうから、収入を得ることはでき

135

ず、仮に保障されるとしても、生活に十分な金額を受け取ることができるとはいえません。

そこで、被害者側としては、入院期間中の生活費等について、加害者側に支払いを求めようと考えるのが当然ともいえます。

しかし、加害者が被害者側に対して、交通事故によって発生した損害の賠償を行う場合は、損害額が確定している必要があります。損害額が確定していない状態では、加害者から賠償金の支払いを受けることは期待できず、それまでの間の生活費等については、原則として被害者が賄う術を確保しなければなりません。

そこで、被害者が利用できる制度として、自賠責保険の仮渡金の制度があります。仮渡金の制度を利用すれば、被害者が交通事故で死亡または負傷したという事実さえ確かであれば、具体的な損害額が確定していなくても、一定程度の金額の支給を受けることができます。被害者側の生活費等を賄う手段として、仮渡金の制度が利用されています。

## 自賠責保険金の請求のしくみ

**加害者請求**

②保険会社への請求

③保険金支払い

加害者

①損害賠償の履行

被害者

自賠責保険会社

**被害者請求**

加害者

（損害賠償義務）

（損害賠償請求権）

被害者

損害賠償額の請求

保険金支払い

自賠責保険会社

## 自賠責保険支払基準についての一覧表

| 項　　目 | | 金　　額 | | | | |
|---|---|---|---|---|---|---|
| 死亡による損害 | 葬　　儀　　費 | 60〜100万円（60万円が原則） | | | | |
| | 死亡による逸失利益 | ケース別に算出 | | | | |
| | 死亡者本人の慰謝料 | 350万円 | | | | |
| | 遺族（被害者の父母・配偶者・子）の慰謝料 | 請求権者1名→550万円、2名→650万円、3名以上→750万円<br>被害者に被扶養者があるときは上記金額に200万円を加算する。 | | | | |
| | 傷害による死亡までの損害 | 傷害による損害に同じ | | | | |
| 傷害による損害 | 治療費などの積極損害 | 実　　費 | | | | |
| | 近親者の看護料　入院看護をしたとき | 1日当たり　4,100円 | | | | |
| | 近親者の看護料　自宅看護又は通院看護をしたとき | 1日当たり　2,050円 | | | | |
| | 有料職業紹介所の紹介による者による自宅看護料又は通院看護料 | 必要かつ妥当な実費 | | | | |
| | 入院中の諸雑費 | 1日当たり　1,100円 | | | | |
| | 通院または自宅療養中の諸雑費 | 実　　費 | | | | |
| | 休　　業　　損　　害 | 1日当たり　5,700円 | | | | |
| | 傷　害　慰　謝　料 | 1日当たり　4,200円 | | | | |
| 後遺症のある場合 | 後遺症による逸失利益 | ケース別に算出 | | | | |
| | 後遺症による慰謝料<br>　被扶養者があるとき<br>　第1級　1,300万円<br>　第2級　1,128万円<br>　第3級　　973万円 | 第1級 | 第2級 | 第3級 | 第4級 | 第5級 |
| | | 1100万円 | 958万円 | 829万円 | 712万円 | 599万円 |
| | | 第6級 | 第7級 | 第8級 | 第9級 | 第10級 |
| | | 498万円 | 409万円 | 324万円 | 245万円 | 187万円 |
| | | 第11級 | 第12級 | 第13級 | 第14級 | |
| | | 135万円 | 93万円 | 57万円 | 32万円 | |

## 自賠責保険請求に必要な書類一覧表

| 提出書類 | 適用 | 被害者請求の場合 | | | | 加害者請求の場合 | |
| --- | --- | --- | --- | --- | --- | --- | --- |
| | | 死亡 | | 傷害 | | 死亡 | 傷害 |
| | | 損害賠償金 | 仮渡金 | 損害賠償金 | 仮渡金 | 保険金 | 保険金 |
| 1．仮渡金支払請求書 | | | ◎ | | ◎ | | |
| 2．保険金支払請求書 | | | | | | ◎ | ◎ |
| 3．損害賠償額支払請求書 | | ◎ | | ◎ | | | |
| 4．交通事故証明書 | | ◎ | ◎ | ◎ | ◎ | ◎ | ◎ |
| 5．事故発生状況報告書 | | ◎ | ◎ | ◎ | ◎ | ◎ | ◎ |
| 6．医師の診断書 | | | | ◎ | ◎ | | ◎ |
| 7．死体検案書または死亡診断書 | | ◎ | ◎ | | | ◎ | |
| 8．診療報酬明細書 | | ◎ | | ◎ | | ◎ | ◎ |
| 9．戸籍謄本 | | ◎ | | | | ◎ | |
| 10．住民票または戸籍抄本 | 被害者が未成年者で親権者が請求する場合 | ◎ | ◎ | ◎ | ◎ | | |
| 11．印鑑証明書 | | ◎ | ◎ | ◎ | ◎ | ◎ | ◎ |
| 12．委任状 | 保険金の請求・受領をする場合、委任者の印鑑証明が必要 | ○ | ○ | ○ | ○ | ○ | ○ |
| 13．入院・通院交通費明細書 | 自営業者などは確定申告書控・納税証明書 | ◎ | | ◎ | | ◎ | ◎ |
| 14．その他損害額を証明する書類 | 看護料などの明細書および領収証 | ○ | | ○ | | ○ | ○ |
| 15．休業損害証明書 | | ○ | | ○ | | ○ | ○ |
| 16．示談書 | 加害者請求の場合のみ | | | | | ○ | ○ |

注1）◎印は必ず提出を要するもの。○印は必要に応じて提出する書類。
注2）上記以外の書類が必要なときは調査事務所から連絡がある。

## 相談32 加害者が保険金を受け取って行方不明になった場合

**Case** 示談成立後、加害者から「保険会社から保険金を受け取ったら、あなたの銀行口座に振り込みます」という連絡がありました。ところが、期日になっても保険金は振り込まれず、加害者は行方不明になってしまいました。保険会社に問い合わせると、「保険金はすでに支払いました」とのことです。私はどうしたらよいのでしょうか。

**回答** 加害者が任意保険に加入している場合、被害者はその保険金からの損害賠償を受けることができます。実務上は保険会社から直接被害者に保険金が支払われることも多いようですが、本来的には、加害者が保険会社から保険金の支払いを受け、それを被害者に支払うという過程を経ます。したがって、被害者に支払われる過程で、加害者が保険会社から支給された保険金を着服するということも起こる可能性があるわけです。

保険会社は、加害者に保険金を支払った時点で、保険金支払義務を果たしたことになりますので、被害者が保険会社に保険金を支払うよう求めることは原則としてできません。被害者としては、示談交渉から保険金支払いに至るまでに、保険会社に故意または過失が認められるのであれば、民法上の不法行為を根拠として、保険会社に対して保険金相当額の損害賠償の支払いを請求するという方法が考えられます。

## 相談33 相続を放棄したが死亡保険金は受け取れるのか

**Case** 交通事故で死亡した夫の財産整理をしていたところ、多額の借金をしていたことが判明しました。私は3人の子供と相談して、相続放棄をすることにしました。しかし、その後に保険会社から連絡があり、受取人を「相続人」とする自損事故死亡保険金と搭乗者死亡保険金の合計3000万円が出るとのことです。相続放棄をしていても保険金は受け取れるのでしょうか。どのように分配するのでしょうか。

139

**回答** 死亡事故の場合、死亡保険金は原則として保険金の受取人として指定された者に対して支払われます。

この場合、死亡保険金の受取人が死亡した者の相続人で、その者が相続放棄をした場合であっても保険金を受け取ることができます。

なぜなら、死亡保険金は、被相続人である被保険者の財産ではなく、保険契約に基づいて受取人が受け取ることができる固有の権利だからです。つまり、死亡保険金はそもそも相続財産には含まれず、相続放棄の影響は受けないのです。

#### 相談34 後遺障害等級の認定が労災と自賠責とで異なる場合

**Case** 暴走車の追突により負傷し、ようやく退院したのですが、むち打ち症が出てきたので、後遺障害の認定を請求しました。しかし、自賠責保険と労災保険とで認定された等級が違います。むち打ち症はなかなか治りそうもないので、なるべく高い等級の認定を希望しています。裁判所に訴えて認定してもらうことはできますか。

**回答** 労災保険は労働基準監督署長が障害等級の認定を行います。これに対して自賠責保険は、損害保険料率算出機構の調査事務所が認定を行います。このように障害等級の認定機関が異なっており、お互いが連絡して調整しているわけでもありません。したがって、障害等級の認定についても、認定結果がまちまちになる可能性はあります。

本ケースのように労災保険の認定を争う場合は、訴訟提起前に各都道府県労働局の労災保険審査官に対して審査請求を行います。この審査請求であなたの主張が認められなかった場合に、訴訟を提起して争うことが可能です（審査請求の後、労働保険審査会への再審査請求を訴訟提起前に行うこともできます）。

次に、自賠責保険の認定を争う場合は、（一財）自賠責保険・共済紛争処理機構に調停を申請します（費用は無料です）。ここで主張が認められ

ない場合に訴訟を提起します。その場合、保険会社を相手に等級を争うのではなく、加害者を相手に自身の主張する等級に基づいて算定した損害賠償を請求した方が早道です。

### 相談35 被害者に代わって病院が直接保険金を請求できるのか

**Case** 飲酒運転の被害にあって負傷し、通院治療しています。加害者も反省してくれていますが、示談交渉はこれからです。このところ出費がかさんでいるので、治療費の捻出に困っています。病院に相談したところ、「加害者の自賠責保険に対して病院から直接請求する」と言ってくれました。最初考えていた自分でする請求よりも簡単でよいのですが、可能なのでしょうか。

**回答** 治療に時間がかかり、示談が成立していないとなると、被害者は長期にわたって収入を得られず、治療費の支払いに苦労する事態に陥る可能性があります。そのような事態に備えて、自賠責保険の保険金を被害者から直接請求できる制度が設けられています。この制度を使って保険金を請求する場合、治療を担当する病院から診療報酬明細書を発行してもらい、それを添えて保険会社に請求することになります。

ただ、入院中で被害者本人が手続きを行える状態ではない場合は、被害者の治療を継続するため、病院が被害者に代わって、直接自賠責保険から治療費の支払いを受けることができます。この場合、まず被害者から病院に保険金請求のための委任状を渡して、その後、病院から保険会社に保険金を請求するという手続きが必要になります。

なお、自賠責保険の傷害に対する保険金は120万円が限度です。つまり、病院から請求される治療費が120万円に至ると、それを超える部分は自賠責保険から保険金が支払われません。120万円を超える分については、加害者が別途任意保険に加入していれば、任意保険から賠償してもらうことになります。その点を十分に確認した上で、病院に委任するようにしてください。

# 5 自賠責保険が利用できない場合について知っておく

政府に対して補償金を請求できる場合もある

## 複数の車両による事故の場合

たとえば、車両同士の交通事故の場合で、どちらかの車の同乗者が死亡した場合、被害者の遺族は、被害者が死亡当時に同乗していた車の運転者（または所有者などの運行供用者）から損害賠償を受けることができます。それと同時に、相手方の車両の運転者からも損害賠償を受けることができます。

この場合、被害者の遺族は、交通事故に関係した加害者の各人に対して、被害総額の賠償金を請求することができます（全員に被害総額を請求することも可能です）。ただし、被害者の遺族が受け取る賠償金は被害総額に限定されます。また、各々の加害者が加入する自賠責保険から、被害総額の範囲内で、ぞれぞれ限度額（最高3000万円）まで賠償金の支払いを受けることができます。

## 自動車損害賠償保障事業とは何か

自賠責制度を補完する各種の社会保険制度によっても救済されない被害者のために、最終的な救済制度として**自動車損害賠償保障事業（政府保障事業）**があります。

政府保障事業の対象となるのは、被害者が請求主体となる、①ひき逃げ事故、②自賠責保険の無保険車による事故、③泥棒運転で自動車の保有者（所有者など）に運行供用者責任が生じない事故、という3つが主なケースです。

これらのケースでは、被害者は自賠責保険を扱っている保険会社の窓口（どこでも大丈夫ですが保険代理店は不可です）を通じて、政府に対して補償金を請求できます。

請求書が提出されると、保険会社から国に通知され、支払いの手続きがなされます。労災保険・健保・国保の給付を受けた残りの損害額についてだけ請求することができます。給付金は、強制保険と同じで、傷害事故の場合は上限120万円（死亡事故の場合は上限3000万円）です。

給付金がおりるまでには1年以上かかることもあります。

142

自賠責保険とは異なり、一般の裁判と同様に過失相殺されますし、親族間事故については救済を行わない取扱いとなっています。また、請求できるのは被害者だけで、加害者による請求は認められていません。

なお、被害者が健康保険や労働者災害補償保険その他の社会保険で救済を受けることができる場合や、被害者が加害者から損害賠償を受けた場合、その分は政府保障事業による救済は行われません。政府保障事業に関する請求できる期間は、原則として被害者の死亡日または事故発生日から3年以内です。

## 自賠責保険と運行供用者責任の関係

交通事故の被害に遭ったとしても、常に自賠責保険が支払われるわけではありません。特に注意すべきなのは、自賠責保険は加害車両の保有者に運行供用者責任が発生する場合に支払われるしくみになっている点です。たとえば、泥棒運転者による事故で、車の持ち主には車の保管について問題がなかった場合、加害車両の保有者である持ち主は運行供用者にあたらないので、自賠責保険も支払われません。泥棒運転者本人は損害賠償責任を負いますが、自賠責保険と運行供用者責任が連動していることは知っておくとよいでしょう。

### 自賠責保険が支払われないケース

自賠責が支払われない場合

- ひき逃げ事故のため、加害者と加害車両が不明の場合
- 損害が保険契約者又は被保険者の悪意によって生じた場合
- 車の保有者が運行供用者責任（30ページ）を負わないため、自賠責保険が支払われない場合
- 加害者が自賠責保険に未加入の場合
- 1つの車両について複数の保険契約が結ばれているために、支払額の一部免除が認められる場合

相談36 事故を起こした車に同乗していた妻から賠償請求された

**Case** 車を運転していて横転事故を起こしたのですが、私と妻が軽度の骨折をしただけですみました。ただ、妻は「あなたの不注意ですから、治療費はあなたの自賠責保険から出してください」といいます。最近、夫婦仲はあまりよくないのですが、共同生活をしている夫婦間での自動車事故について、保険会社に保険金を請求できるのでしょうか。

**回答** 夫婦間や親子間における交通事故の後処理については、あくまで家族間の問題として解決すべきであって、保険金のやり取りはすべきではないというのも1つの考え方として成り立ちます。このため、保険会社は、以前は夫婦・親子などの家族共同生活の特殊性から、家族間の事故については保険金の支払いを拒絶するというのが通例でした。

しかし、自賠法の被害者救済という目的からすると、たとえ加害者と被害者が家族関係にあったとしても、被害者救済の必要性は変わらないはずです。たとえば、妻が運転する車両が事故を起こし、同乗していた主たる生計維持者の夫がケガをして働けなくなった場合、保険金による救済がなければ家族の生活が立ち行かなくなるといったことが考えられます。そこで、最高裁判所の判例でも、家族間での自賠法の適用を一律に否定せず、具体的事実関係のもとで判断するべきであるとしています。よって、家族であることや家族間の具体的事情は損害賠償額の算定にあたって考慮されるものの、妻（被害者）から夫（加害者）に対し、自賠責保険の保険会社に対して保険金を請求できる余地があります。

相談37 未成年者が盗んで運転する車にはねられた場合

**Case** 横断歩道に猛スピードで乗用車が突っ込んできて、はねられました。幸い、多少身をかわしたため、軽い骨折と打撲ですみました。しかし、運転していたのは、無免許の高校生で、他人の乗用車を盗んで運転していたということです。治療費や慰謝料、会社を休んだ分の

損害賠償を請求したいのですが、この場合、どうすればよいのでしょう。

**回答** 本ケースであなたが被った損害は、運転者である加害者の不法行為によるものですから、民法709条に基づいて加害者に損害賠償請求ができます。ただ、加害者が未成年者のときは賠償する資力に乏しい場合が多いため、親権者への賠償請求を考えます。つまり、親権者の監督が行き届かず、そのために加害者が事故を起こしたことを証明できれば、賠償請求が可能になります。

次に、保険金を請求する方法を考えてみましょう。第1に、事故車の所有者に対して、自賠法の運行供用者責任を追及する方法があります。ただ、盗難車の場合は、所有者による車の管理に過失があり、盗難と事故が場所的・時間的に接近していることなどをあなたが証明しなければなりません。これは困難な作業です。第2に、高校生本人への運行供用者責任の追及ですが、盗難車なので事故車の自賠責保険も任意保険も適用されません。

最後に、自賠法による政府保障事業への請求という方法があります。政府保障事業の利用を検討する場合、損害保険会社に相談して請求手続きをとるようにしましょう。

## 相談38 飲酒運転による事故でも保険金を請求できるのか

**Case** 同僚と酒を酌み交わし、帰りは、同僚の自動車で家まで送ってもらうことになりました。同僚も飲酒していましたが、酒に強い方なので、大丈夫だと思っていました。しかし、ハンドル操作を誤って、ガードレールにぶつかり2人とも重傷を負い入院しました。この場合でも、同僚と私は、保険金を請求できるのでしょうか。

**回答** まず、飲酒していた運転者自身についてですが、酒酔い運転（酒に酔って正常な運転ができない状態で運転すること）をしていた場合は、保険金が支払われません。簡単に言うと「自業自得なのだから保険金を

受け取るのは都合が良すぎる」ということです。この「正常な運転ができない状態」かどうかは、運転者の主観ではなく、客観的に判断します。たとえばハンドル操作を誤って事故を起こした場合などは、客観的に見て、正常な運転ができない状態とみなされるわけです。

　次に、歩行者などの被害者や同乗者に対する補償ですが、これについては運転者自身の場合と異なり、保険会社は免責されません。保険は被害者である第三者を救済するためのものだからです。

　ただし、被害者が同乗者の場合は、運転者が飲酒していることを知っていた可能性もあり、その場合はやはり自業自得と考えられ、３割程度減額されることもあります。

　一方、搭乗者傷害保険は、実際に生じた損害額を問題とするものではないため、保険会社の免責・減額はなく、定められた額が支払われます。

### 相談39 知人に自分の車を運転させたら人身事故を起こした

**Case**　会合で飲酒した後、飲酒しなかった近所に住む知人に自分の車を運転してもらって帰宅することにしました。しかし、知人は人身事故を起こし、助手席の私も打撲を負いました。被害者は車の所有者である私にも「賠償請求する」と言っていますが、保険が利用可能でしょうか。

**回答**　自賠法（自動車損害賠償責任保険法）３条によると、交通事故の際に損害を賠償しなければならないのは「自己のために自動車を運行の用に供する者（運行供用者）」であるとされています。

　まず、運転していた知人については、所有者のためだけではなく、自分自身のために自動車を運転していたはずですから、運行供用者に該当します。一方、自動車の所有者ですが、運転していないので責任を負う必要はないようにも思えます。しかし、所有者は自分で利用するために自動車を所有しているはずです。短時間だけ知人に車を貸した程度では、その事実は変わりません。たとえ所有者自身が運転していない、あるいは同乗すらしていないとしても、その所有者が運行供用者とみなされる

ということです。したがって、車の所有者も被害者に対して損害賠償責任を負わなければなりません。

なお、自賠責保険は被害者救済のための保険ですので、運行供用者のケガ（傷害）は補償されません。知人に車を貸した所有者がケガをしても、自賠責保険は適用されないということです。ただ、知人が自身の車につき、他車運転危険担保特約（他車運転特約）付きの任意保険に加入していれば、所有者はそこから賠償を受けることができます。

### 相談40 加害者が逃走しているときにはどうすればよいのか

**Case** 先日、私の娘が下校途中に交通事故に遭いました。加害者に対して損害賠償請求をしたいのですが、加害者は娘に車をぶつけた後すぐにその場から逃走したようです。このままだと加害者に対して損害賠償請求できないのですが、どうすればよいでしょうか。

**回答** 交通事故の加害者が逃走し、加害者が誰かわからない場合には、加害者に損害賠償請求をすることも、自賠責保険（自動車損害賠償責任保険）から保険金の給付を受けることもできません。

しかし、これでは被害者は金銭的にも精神的にも大変な負担を負うことになります。このような場合に備えて、自賠法には被害者が救済を受けることができるような条項が設けられています。具体的には、加害者がわからず損害賠償を受けられない被害者のため、その損害をてん補するという目的で、国が被害者救済のための事業を運営しているのです。これを政府保障事業といいます。政府保障事業を利用するための請求は、損害保険会社を通じて行います。

ただ、政府保障事業は、被害者に対する最終的な救済措置であるとの考えの下で行われています。そのため、健康保険や労災保険その他の社会保険によって給付を受けられる場合は、その分が減額されます。また、被害者に過失があるときは過失相殺がなされ、てん補額は減額されます。

なお、政府保障事業に対する請求権は3年間の経過で時効消滅します。

そのため、原則として事故発生日（または被害者の死亡日）から３年以内に請求することが必要です。政府保障事業を利用する場合には、被害者は自賠責保険を扱っている損害保険会社を窓口にして、政府に対して補償金を請求しますが、請求時の必要書類には、次のようなものがあります。
① 政府保障事業への損害のてん補請求書
② 請求者本人の印鑑登録証明書
③ 交通事故証明書
④ 事故発生状況報告書
⑤ 診断書
⑥ 後遺障害診断書・死体検案書または死亡診断書
⑦ 診療報酬明細書
⑧ 通院交通費明細書

　もっとも必要書類については、傷害・後遺障害・死亡といった請求区分によって異なりますので、請求先の損害保険会社に確認しておきましょう。また、自損事故で自身が受傷した場合、被害者の一方的な過失による事故の場合、当事者双方の間で示談が成立して示談内容通りの損害賠償が支払われている場合などには、政府保障事業からの損害てん補の対象とはなりませんので、十分に確認した上で請求するべきです。

## 政府保障事業による支払いの流れ

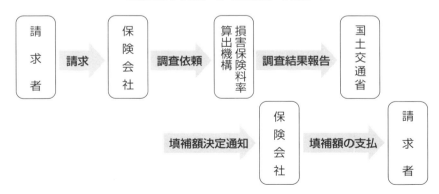

# 6 強制保険の請求に必要な書類について知っておこう

事故証明や診断書などは時間がかかるので早めにもらう

## どんな書類が必要なのか

　自賠責保険（強制保険）の保険金を請求するときに提出しなければならない書類と、それぞれの書類の記入上のポイントを見ていきましょう。

① **自動車損害賠償責任保険支払請求書**（151ページ）

　加害者が保険金を請求するときも、被害者が損害賠償額または仮渡金を請求するときも使用します。請求書の題字の部分は、該当項目を○で囲みます。請求書で使用する印鑑はすべて実印です。あわせて本人確認のため、印鑑証明書を提出します。

　請求額の欄は、請求書を出す時点で請求金額がわからないときは、空欄のままでかまいません。

　請求者の欄は、加害者請求の場合は加害者、被害者請求の場合は被害者の氏名・住所を記入します。

　また、車両の保有者と保険契約者が同じ場合は、保険契約者の欄に氏名・住所を記入します。一方、借りた車両による事故の場合（車両の保有者と保険契約者が違う場合）は、保険契約者と別に、保有者（使用者）の欄に借りた人（事故を起こした本人）の氏名・住所を記入します。

　支払指図欄には、保険会社から受け取る保険金または損害賠償額を振り込んでもらう口座を記入します。

② **交通事故証明書**（152ページ）

　交通事故証明書は自動車安全運転センターに交付申請します。最寄りの自動車安全運転センターがない場合は、郵送で交付を受けることもできます。その場合、申請用紙を損害保険会社、警察署、交番、農業協同組合などでもらい、必要事項を記入の上、事故証明1通につき発行手数料540円（払込手数料は別）を支払います。事故証明の郵送先は、原則として申請者の現住所ですが、それ以外の場所に郵送してもらうことも可能です。

　交通事故証明書を申請することができるのは、交通事故の当事者（加害者と被害者）、または証明書の交付を受けることにつき正当な権利があると認められる者だけです。

第5章　自賠責保険と任意保険のしくみ

149

なお、申請書にある事故の種類の欄は、人身事故か物損事故かを○で囲みます。発生日時と発生場所の欄は、この内容で事故を特定しますので、正確に記入する必要があります。

　支払方法はいくつかありますが、郵便振替で支払う場合に郵送先を別途指定するときは、通信欄にその郵送先を記入することが可能です。郵送の場合、申請後２週間程度で事故証明書が送られてきます。

③　**事故発生状況報告書**（153ページ）

　事故発生状況報告書は、事故における当事者の過失の程度や修正要素を判断するために提出する書類です。交通事故証明書と矛盾が生じないように慎重に記入することが必要です。

　損害保険会社はこの報告書によって事故に至った経緯を整理し、過失割合を決めます。事故発生状況略図の欄は指定された記号を使って、事故現場の状況を詳しく図示します。

④　**診療報酬明細書**

　事故で負ったケガを治療した病院から受け取ります。被った損害額を算出する根拠となる資料です。病院で明細書を発行してもらったら、治療内容の記入と、病院側の押印があることを確認します。

⑤　**診断書または死体検案書**

　病院に申請してケガを治療した医師に記入してもらいます。保険会社指定の診断書用紙がありますので、指定用紙を病院に持参し、該当箇所に記入してくれるよう依頼します。

　病院で診断書を受け取ったら、必要項目がすべて記入してあることを確認します。特に入通院日数、治療期間、ケガの症状、障害の有無、付添看護の期間は、保険金の算定に影響しますので要注意です。後遺症が残った場合は、診断書の他に後遺障害診断書を提出します。

　なお、治療の甲斐なく被害者が死亡した場合、死亡診断書を発行してもらうことになります。診断書と同じように治療（即死の場合は死亡確認）にあたった医師に記入してもらいます。

⑥　**休業損害証明書**

　ケガの治療やその後のリハビリのため、勤務している会社から給与などが支給されない場合、または支給されても減額されて支給された場合は、その金額の詳細を勤務先から証明してもらう必要があります。

　自営業者などの場合は、前年の確定申告書の控えまたは市区町村役場で所得証明を代替して提出します。

## 書式　自動車損害賠償責任保険支払請求書

**自動車損害賠償責任保険**

1. 保険金加害者請求）
② 損害賠償額（被害者請求）
3. 仮渡金

（該当番号を○で囲んでください）

**支払請求書兼支払指図書**

保険会社受付印

---

平成○○年　○　月　○　日

貴社に対し、下記事故に係る（保険金、損害賠償額）を関係書類を添付のうえ請求します。

　ついては（保険金、損害賠償額）は下記支払指図のとおりお支払いください。

　なお銀行口座振込をもって受領したものとします。

| 請求者 | 住　所 | 〒000-0000　東京都○○区○○町○丁目○番○号 |
|---|---|---|
| | フリガナ　氏　名 | ○○　　○　　○　　○　　㊞ 印鑑証明の印 |
| | 連　絡　先（勤め先等） | ○○株式会社　　（電話）03-0000-0000 |
| | 被害者との関係 | 本人　親族（続柄　　）・受任者・加害者側・その他（　　） |

| 自賠責保険証明書番号 | 00 － 000000 | 事故年月日 | 平成○○年　○　月　○　日 |
|---|---|---|---|

| 保険契約者 | フリガナ | ○○　　○○　　○○ | 保有者（所有者・使用者） | 住所 | 〒000-0000　東京都○○区○○町○丁目○番○号 |
|---|---|---|---|---|---|
| | 氏　名 | ○　　○　　○　　○ | | フリガナ | ○○　　○○　　○○ |
| | 連絡先 | 電話 03（0000）0000 | | 氏　名 | ○　　○　　○　　○ |
| 加害運転者 | フリガナ | ○○　○○　○○ | | 連絡先契約者との関係 | 電話 03（0000）0000 本人・譲受人・借受人・その他（　　） |
| | 氏　名 | ○　○　○　○ | 被害者 | フリガナ | ○○　○○　○○ |
| | 連絡先 | 電話 03（0000）0000　保有者との関係 従業員・親族（続柄）その他 | | 氏　名 | ○　○　○　○ |
| | 職　業 | 会社員　年令00才　性別 男・女 | | 連絡先 | 電話 03（0000）0000 |
| | 請求額 | ○○○○○○円 | | 職　業 | 会社役員　年令00才　性別 男・女 |

---

**支払指図欄**

（受取人請求者に同じ場合は記載不要）　　指定金融機関・預金口座　　摘要　　○○記入欄

| 住所〒□□□-□□□□ | 銀　行 信用金庫 信用組合　○○　本支店 | 全額・治療費・その他 | 平成　年　月　日 |
|---|---|---|---|
| | 普通・当座　口座No. 0000000 | | ¥ |
| 氏名　　　　Tel （　　） | 口座名義 ○：○：○：○：○：○（カタカナで記入） | | ㊞ |

| 住所〒□□□-□□□□ | 銀　行 信用金庫 信用組合　　本支店 | 全額・治療費・その他 | 平成　年　月　日 |
|---|---|---|---|
| | 普通・当座　口座No. | | ¥ |
| 氏名　　　　Tel （　　） | 口座名義（カタカナで記入） | | ㊞ |

| 住所〒□□□-□□□□ | 銀　行 信用金庫 信用組合　　本支店 | 全額・治療費・その他 | 平成　年　月　日 |
|---|---|---|---|
| | 普通・当座　口座No. | | ¥ |
| 氏名　　　　Tel （　　） | 口座名義（カタカナで記入） | | ㊞ |

## 書式　交通事故証明書

**交 通 事 故 証 明 書**

`0 0 0 - 0 0 0 0`

申請者
住所　東京都○○区○○町○丁目○番○号
氏名　○○　○○　　　殿

| 事故照会番号 | ○○署　第○○○○号 | 甲・乙　　との続柄　　**本　人** |
|---|---|---|

| 発生日時 | 平成○○年○月○日　午後○○時○○分頃 |
|---|---|

| 発生場所 | 東京都○○区○○町○丁目○番地付近交差点 |
|---|---|

**甲**

| 住　所 | 東京都○○区○○町○丁目○番○号　(TEL 03-0000-0000) | 備　考 |
|---|---|---|
| 氏　名（フリガナ） | ○○　○○ | 生年月日　明大昭　○○年○月○日（○○歳） | 甲・乙以外の当事者の有無 |
| 車　種 | 甲事　普通乗用自動車 | 車両番号　○○○○○○○ | 有 |
| 自賠責保険関係 | 有無　契約先　○○保険株式会社 | 証明書番号　○○○○○○○ | 無 |
| 事故時の状態 | 運転　・　同乗（運転者氏名　　　　）・　歩行　・　その他 | |

**乙**

| 住　所 | 東京都○○区○○町○丁目○番○号　(TEL 03-0000-0000) |
|---|---|
| 氏　名（フリガナ） | ○○　○○ | 生年月日　明大昭　○○年○月○日（○○歳） |
| 車　種 | 乙事　普通乗用自動車 | 車両番号　○○○○○○○ |
| 自賠責保険関係 | 有無　契約先　○○保険株式会社 | 証明書番号　○○○○○○○ |
| 事故時の状態 | 運転　・　同乗（運転者氏名　　　　）・　歩行　・　その他 |

| 事故類型 | 人対車両 | 車　両　相　互 | | | | | | 車　両　単　独 | | | | 踏切 | 不明（調査中） |
|---|---|---|---|---|---|---|---|---|---|---|---|---|---|
| | | 正面衝突 | 側面衝突 | 出会い頭衝突 | 接触 | 追突 | その他 | 転倒 | 路外逸脱 | 衝突 | その他 | | |

上記の事項を確認したことを証明します。

なお、この証明は損害の種別とその程度、事故の原因、過失の有無とその程度を明らかにするものではありません。

平成　○○　年　○　月　○　日

自動車安全運転センター　　○○事務所長　　[印]

| 照合記録簿の種別 | 人・物 | 証明番号 | | 証明書の構成 | | 枚 |
|---|---|---|---|---|---|---|

# 書式　事故発生状況報告書

## 事故発生状況報告書

別紙交通事故証明書に補足して下記のとおり報告いたします。

| 甲（甲車の運転者） | 氏名 | ○○　○○ | 乙（被害者） | 氏名 | ○○　○○ | (運転)・同乗　　甲　車<br>歩行・その他　甲車以外<br>　　　　　　　　の車 |
|---|---|---|---|---|---|---|

| 速度 | 甲車　60　km/h(制限速度　60　km/h),　甲車以外の車　0　km/h(制限速度　60　km/h) |
|---|---|

| 道路状況 | 見通し | (良い)<br>悪い | 道路幅 | 甲車側（　12　m），甲車以外の車側（　12　m） |
|---|---|---|---|---|

| 信号又は標識 | 信号 | (有り)<br>無し | 一時停止標識 | (有り)<br>無し | その他標識 |
|---|---|---|---|---|---|

**事故発生状況を図示して下さい。**

事故発生状況略図（道路幅をmで記入して下さい）

GS

至

至○○

コンビニ
マート

不動産

8m

12m

甲　車　■

甲車以外の車　⌂

進行方向　↑

信　号　○○○

一時停止　Ⴟ

一方通行　⇨

人　ⵜ

自転車
オートバイ　◉

**上記図の説明を書いて下さい。**

甲は、平成○○年○月○日午後○時○分ごろ、普通乗用自動車（車両番号○○○○○○○○○）を運転して、東京都○○区○○町○丁目○番地先の交差点に差し掛かった際、前方不注視により、同交差点を赤信号で停止していた乙が運転する普通乗用自動車（車両番号○○○○○○○○○）に追突し、後部バンパーおよびテールランプの一部を破損させた。

平成○○年　○　月　○　日

報告者　甲との関係（　　　　　　　）<br>　　　　乙との関係（　**本人**　）　氏　名　○　○　○　○　㊞

## 7 任意保険のしくみを知っておく

さまざまな種類の保険が用意されている

### 任意保険とは

人身事故の場合は、まず自賠責保険（強制保険）がおります。この保険金で損害額をカバーできない場合に、それを補うのが**任意保険**です。任意保険が自賠責保険の「上乗せ保険」といわれるのはそのためです。

自賠責保険は、運行供用者による自動車の運行によって、他人の生命や身体に損害を与えた場合に保険金が支払われます。一方、任意保険の支払事由は、他人の生命や身体の侵害に限定されていません。たとえば、物損事故については、自賠責保険からは保険金が支払われませんが、任意保険では支払の対象となります。

任意保険では**示談代行つきの自動車保険**が多く利用されています。示談代行とは、加害者に代わり、保険会社が被害者との示談交渉にあたってくれるというものです。第三者である保険会社が交渉にあたることによって、加害者の負担が軽減されます。示談代行は強制保険にはない任意保険固有のサービスです。つまり、

加害者が支払うべき賠償金が強制保険では賄いきれず、任意保険からも拠出することになった場合に、保険会社・共済組合による示談代行が行われることになります。

任意保険は対人賠償保険と対物賠償保険を中心に、搭乗者傷害保険、自損事故保険、無保険車傷害保険、車両保険などによって構成されています。

任意保険では、以下の場合に保険金が支給されないことがあります。

① 加害者（保険契約者）と被害者が一定の親族関係（父母・配偶者・子など）にある場合の事故

② 他人から預かっているものに対する賠償

③ 無免許や酒酔い運転中の事故

④ 故意、戦争、革命、内乱、地震などの天災による事故

⑤ 日本国外での事故

### 対物賠償保険が適用される場合

物損事故の場合に支給されるのが対物賠償保険です。賠償される金額

については、保険契約によっては無制限にわたるなど、締結している保険契約の内容により異なりますので、契約内容を確認する必要があります。

たとえば、スピードの出しすぎでカーブを曲がりきれず、住宅に突っ込んで損壊したというケースでは、損壊した住宅が物損にあたります。対物賠償保険は他人の財産に与えた損害の賠償を目的としています。

よって、同様の事例でも、スピードの出しすぎで突っ込んだ住宅が自宅であった場合や、発車時等に自宅の車庫を壊してしまった場合には、対物賠償保険の対象外ですので、この点はくれぐれも注意してください。

自賠責保険が物損事故には支給されないことを考えると、対物賠償保険の保障は大切だといえます。

## 自損事故保険は主に単独事故の損害をまかなう保険

自損事故保険とは、たとえば、電柱に衝突する単独事故などで、ケガや死亡した場合に支払われる保険です。その損害に対して運行供用者責任を負担する者が誰もいないことが要件です。

自損事故の場合の被保険者は、被保険車両の所有者と運転者ですが、所有者が運転していないときに事故が起きた場合であっても、自損事故保険は適用されます。たとえば、がけ崩れや落石などで車両が破損した場合や、建築中のビルの屋上から物が落下して車両が損壊した場合なども自損事故保険が適用されます。

## 搭乗中に事故に遭ったら搭乗者傷害保険

搭乗者傷害保険は、被保険自動車の運転中に、運転者や同乗者が事故で、ケガや死亡した場合に支払われる保険です。自損事故保険と同時に支払われる場合もあります。単に搭乗中に事故に遭った場合は、だいたい支払われると考えてよいでしょう。

搭乗者傷害保険の被保険者は、事故に遭った車に搭乗していた者です。運転者も含みます。ただ、自損事故保険の場合と同様、暴走族の箱乗りのように、極めて異常かつ危険な方法で搭乗中の者は除かれます。

## 無保険車傷害保険とは

無保険車傷害保険は、無保険自動車との事故によって、被保険者が死亡または後遺障害を負った場合に支払われる保険です。

自動車は原則として2年ごとに車

検を受けなければならず、自賠責保険に加入していない車両は車検を受けることができません。しかし、中には車検を受けなければならない期間を過ぎているにもかかわらず、車検を受けていない車両もあります。このような車両は自賠責保険にも加入していないわけです。

車検を受けていない車両、つまり自賠責保険に加入していない車が交通事故を起こした場合、被害者は加害者本人に対して損害賠償を請求することになります。しかし、加害者に資力がない場合や、破産してしまった場合などには、結局、被害者は十分な損害賠償を受けることができないことになってしまいます。

そこで、自賠責保険に加入していない車両、または自賠責保険には加入しているが任意保険には加入しておらず自賠責保険だけでは十分な補償が受けられない場合を想定して、この場合に補償してくれる無保険者傷害保険という保険が生まれました。

無保険者傷害保険は、車対車の事故で相手方が無保険車の場合に、相手の支払うべき損害賠償額を相手に代わって支払ってくれる保険です。

## 自賠責保険だけではなく任意保険で支払ってもらいたい

交通事故で傷害を負った場合、自賠責保険の保険金額は120万円が限度額です。治療が長引くなどして費用がかさみそうな場合には、任意保険の保険会社と示談交渉を早急に進めることが大切です。任意保険の保険会社と交渉して、治療費などの不足しそうな金額を内払い（損害額がまだ確定していない段階であっても一定額の支払をしてもらえる制度のこと）してもらうとよいでしょう。

ただ、この場合、被害者側の過失が大きいと、賠償額も当然減少しますので、内払いを保険会社は渋るようになります。保険会社から内払いが拒絶されてしまったら、裁判所に仮処分命令の申立てをして、当面の費用を支払ってもらうようにします。具体的手続については、弁護士に相談するとよいでしょう。仮処分命令がなされると、保険会社も支払わざるを得なくなります。

任意保険の支払を請求する場合、支払請求書や保険証券などの書類を提出することになります（主な提出書類は158ページ図を参照）。保険会社によって提出書類が異なることがありますので、あらかじめ確認する

ことが必要です。

## 任意保険でも被害者請求ができる

　自賠責保険では、加害者が賠償金を支払ってくれない場合、被害者側で加害者の加入している保険会社に賠償金の支払いを請求するという被害者請求が認められていますが（130ページ）、任意保険の場合も同じように被害者請求ができます。対人事故だけでなく、対物事故についても被害者請求が認められています。

　ただし、任意保険において被害者請求が認められるためには、加害者が特定の種類の保険に加入している場合で、次のいずれかの事情があることが必要になります。

① 事故の加害者と被害者の間で示談が成立した場合（裁判の判決または和解による調停が成立した場合を含む）

② 加害者（または相続人）が破産したときまたは行方不明のとき

③ 保険会社から賠償金の支払いを受け、それ以上請求をしない旨の書面を取り交わした場合

④ 損害の総額が保険金の限度額を超えることが明らかな場合

### 自賠責保険と任意保険の違い

| | 任意保険 | 自賠責保険 |
|---|---|---|
| 加入の仕方 | 加入は自由（任意） | 車の所有者は強制加入 |
| 補償の範囲 | 対人、対物、搭乗者、車両損害、無保険車傷害、自損などの補償 | 対人賠償についてだけ一定額まで補償（死亡の場合3000万円） |
| 補償の意味 | 自賠責保険で足りない分を補てんする保険 | 被害者の基本的補償の確保 |
| そ　の　他 | ①被保険者の範囲を限定して、保険料を安くできる（年齢制限や家族限定など）②自賠責保険に比べて免責事項が多い③被害者請求が認められる場合が一定の場合に限定されている | ①任意保険に比べて免責事項が少ない②被害者の過失相殺が制限される③保険金の算出方法が定型化されている④原則として加害者請求だが、被害者請求も認められている |

第5章　自賠責保険と任意保険のしくみ

157

**参考　任意保険請求に必要な書類一式**

| | 提出書類 | 対人賠償 死亡 | 対人賠償 傷害 | 搭乗者傷害 死亡 | 搭乗者傷害 傷害 | 対物賠償 | 車両 |
|---|---|---|---|---|---|---|---|
| 1 | 損害賠償額支払請求書 | ◎ | ◎ | ◎ | ◎ | ◎ | ◎ |
| 2 | 保険証券 | ◎ | ◎ | ◎ | ◎ | ◎ | ◎ |
| 3 | 事故証明書 | ◎ | ◎ | ◎ | ◎ | ◎ | ◎ |
| 4 | 事故発生状況報告書 | ◎ | ◎ | ◎ | ◎ | ◎ | ◎ |
| 5 | 保険金支払請求書 | ◎ | ◎ | ◎ | ◎ | ◎ | ◎ |
| 6 | 医師の診断書 | | ◎ | | ◎ | | |
| 7 | 死体検案書または死亡診断書 | ◎ | | ◎ | | | |
| 8 | 除籍謄本 | ◎ | | ◎ | | | |
| 9 | 葬儀費用明細書 | ◎ | | | | | |
| 10 | 入院・治療費関係明細書 | | ◎ | | ◯ | | |
| 11 | 応急護送費明細書 | ◯ | ◯ | | | | |
| 12 | レントゲン写真 | | ◯ | | ◯ | | |
| 13 | 休業・欠勤証明書 | | ◎ | | ◎ | | |
| 14 | 給料・所得証明書 | ◎ | ◎ | | | | |
| 15 | 委任状 | ◯ | ◯ | ◯ | ◯ | ◯ | ◯ |
| 16 | 印鑑証明書 | ◯ | ◯ | ◯ | ◯ | ◯ | ◯ |
| 17 | 示談書 | ◎ | ◎ | | | ◎ | ◎ |
| 18 | 示談金領収書 | ◯ | ◯ | | | ◯ | |
| 19 | 事故現場写真 | | | | | ◯ | |
| 20 | 事故車両写真（ナンバー入） | | | | | ◎ | ◎ |
| 21 | (*)車両修理費請求書 | | | | | ◎ | ◎ |
| 22 | (*)修繕費・引揚・牽引費請求書 | | | | | ◎ | ◎ |
| 23 | (*)被害物件写真 | | | | | ◎ | |
| 24 | 被害物件損害請求関係書類 | | | | | ◎ | |
| 25 | 損害賠償交渉関係書類 | ◎ | ◎ | | | ◎ | ◎ |
| 26 | 損害防止費用請求書類 | ◯ | ◯ | | | ◯ | ◯ |
| 27 | 保険金領収書 | ◎ | ◎ | ◎ | ◎ | ◎ | ◎ |

注1）◎印は必ず必要な書類。○印は原則として必要な書類
注2）保険会社によっては、これ以外の書類が必要になる場合もある
注3）提出書類欄（＊）印は相手車両の書類

**相談41** 自損事故を起こしたが保険金はどうなる

**Case** 私は、自動車通勤をしていますが、先日、うっかり仕事の帰りに居眠り運転をし、電柱に激突してケガをしました。幸い、同乗者もなく、他の通行人や通行車両もなかったので、自分１人の負傷で済みました。しかし、治療費もバカになりません。私は任意保険に加入しているので、保険でまかなえないものでしょうか。

**回答** 自動車事故に対する保険は、一般的には、交通事故によって受けた第三者の損害をてん補することを想定しています。物損事故や人身事故がこれにあたります。

これに対して、運転者自身が交通事故を起こし、損害を被る場合を自損事故と呼びます。この自損事故については、①任意保険で自損事故傷害特約が付属している場合、②任意保険で搭乗者傷害条項特約が付属している場合、③車両保険に加入している場合、に保険金が支払われる可能性があります。

①自損事故傷害特約による保険金は定額制で、死亡の場合または後遺症の場合は各等級に応じて、あらかじめ定めた保険金が支払われます。ただ、故意による事故、無免許運転中の事故、酒酔いなどによって正常な運転ができない状態で運転した場合の事故には、保険金は支払われません。なお、「故意による場合」が除外されていることの意味は、自殺目的で自損事故を発生させた場合に、保険金の請求ができないということです。

そして、②搭乗者傷害条項特約による場合も、支払われる保険金は定額です。また、③車両保険は、レッカー料などの事故車両運搬費や修理費をてん補してくれます。

修理費が自動車の時価を上回る場合には、その時価が支払われます。故意による事故などで保険会社が免責される点については、自損事故傷害特約による場合と同様です。

**相談42** 運転者が搭乗者傷害保険に加入していた場合

**Case**　仕事の帰りに駅まで取引先の関係者の乗用車に乗せてもらうことになりました。しかし、ハンドル操作ミスのためにガードレールに激突し、私は複雑骨折を負いました。完治後、示談交渉に入ったのですが、運転者は搭乗者傷害保険の保険金について、「その分は損害賠償額から控除すべきだ。仮に控除されないとしても、慰謝料の算定にあたって考慮すべきだ」と主張します。控除されるべきものなのでしょうか。

**回答**　搭乗者傷害保険とは、契約車内に搭乗していたすべての人（正常な乗車位置に搭乗していた人のみ）を対象として適用される保険です。つまり、同乗していてケガをした被害者だけでなく、事故を起こした運転者も保険の適用対象になるということです。

　加害者の立場としては、せっかく搭乗者傷害保険から保険金が支給されるのだから、自己負担となる賠償金はできるだけ少なくしたいと考えるかもしれません。被害者が保険金の他に賠償金全額をもらえるとすれば、不公平になるからです。

　しかし、最高裁の判例では、搭乗者傷害保険の保険金を損害賠償額から控除することは許されないとされています。保険契約者は自分の家族など身近な人間を乗せて事故を起こすケースが多いため、その搭乗者を特に保護しようと考え出されたのが搭乗者傷害保険です。そのため、できる限り搭乗者に有利な解釈をすべきだとするのが最高裁の考えです。

　ただし、慰謝料を算定する際には、搭乗者傷害保険の支払いがあったことを考慮して、慰謝料を減額できるとされています。搭乗者傷害保険に入る人は、交通事故によって搭乗者を死亡させ、または傷害を負わせた場合には、慰謝料の一部に保険金をあてようと考えているのが一般的だからです。

# 第6章

## ケース別
## 過失相殺と過失割合

# 1 過失相殺について知っておこう

## 当事者の間に不公平を調整する制度

### 過失相殺とは

交通事故では、加害者だけに事故の原因があるという場合は少なく、多くの事故は被害者側にも何らかの原因があります。

そのため、事故による被害者の損害すべての賠償責任を加害者が負うとしたのでは、当事者の間に不公平が生じることになります。

そこで、民法722条2項は「被害者に過失があったときは、裁判所は、これを考慮して、損害賠償の額を定めることができる」と定めています。これが過失相殺という制度です。

過失相殺とは、被害者にも過失があって損害発生や被害拡大の一因になった場合に、損害額から被害者の過失に応じた額を差し引くことをいいます。ここで注意すべきなのが、被害者が損害の発生に何らかの原因になった場合だけではなく、損害の拡大に関与した場合にも、過失相殺の対象に含まれるということです。

たとえば、歩行者（被害者）が付近に横断歩道があるのに、横断歩道のない車道を渡っていて、車にひかれた場合、歩行者をひいた加害者だけでなく、付近に横断歩道があるのに別の場所を渡っていた被害者にも過失があります。このとき、交通事故による歩行者の損害額が100万円だったとします。そして、事故の発生について、加害者の過失が7割、被害者の過失が3割あると認められたとします。この場合、被害者が請求できる賠償額は、過失相殺によって100万円の7割である70万円に減額されます。過失相殺は人身事故、物損事故を問わずに行われます。

### 減額の対象となる過失とは

交通事故が発生した場合、加害者が一方的に悪いのではなく、被害者にも不注意な点や落ち度があることがあり、これを過失といいます。被害者の過失が認められれば、過失相殺の対象となります。

過失相殺が適用されるためには、被害者に関して、道路にどんな危険があるか判断できる程度の能力があ

162

ることが必要です。

　一方、加害者に関しては、車を運転するのに通常要求される程度の注意を十分に払っていれば、事故を避けることができたという場合に過失があるものと判断されます。

　また、たとえば、青信号に従って交差点を法定速度の範囲内で進行していたにもかかわらず、交差する車線側の赤信号を無視して交差点に進入してきた車と衝突した場合、道路交通法に従って（青信号で）運転していた側の過失責任は問われないこともあります。車を運転する人は道路交通法に従って運転するはずだ、とお互いに信頼しているからです。これを**信頼の原則**といいます。

　信頼の原則は、もともとドイツが発祥とされる理論のひとつです。詳しくは、車を運転する者が注意すべき内容についての理論で、走行する他の車や二輪車、歩行者などが違反する可能性を考慮しながら運転する必要はない、ということです。つまり、他の車や二輪車、歩行者などが、交通ルールに従っていることを前提に運転すればよいとされています。

## ▌被害者側の過失とは

　過失相殺が民法に規定されている

のは、不法行為であっても、公平の見地から、加害者の被害者に対する損害賠償責任は、被害者に過失がある割合については、責任を免れさせるべきというわけです。そして、過失相殺の目的に照らして、被害者と密接な関係が認められる者に過失が認められる場合（**被害者側の過失**）には、被害者に過失がある場合と同様に、損害賠償請求において、賠償額を減額させる事情として考慮されるべきであると考えられています。

　被害者側の過失がどのような条件で考慮されるかですが、第一に被害者に事理弁識能力があるだけでよいとされています。事理弁識能力とは物事の良い悪いを判断する能力です。たとえば、5～6歳ぐらいの子であれば、道路に飛び出したりすることが危険であるというのは判断できるでしょう。しかし、まだ2～3歳ぐらいの幼児の場合、道路にどんな危険があるか判断できないのが普通です。このような場合、その子の親など、その子を監督すべき者の責任が問われます。

　そして、その子を監督すべき者の監督義務違反を被害者側の過失としてとらえ、過失相殺をすることになります。

第6章 ケース別　過失相殺と過失割合

163

被害者側の過失が認められるかどうかは一概には判断できず、ケースごとに判断することになります。

### 事故の態様を明らかにするために刑事裁判記録が利用される

人身事故の示談交渉にあたって、加害者が任意保険に加入している場合は、被害者に対して、加害者の代わりに示談交渉に臨むのは任意保険会社の担当者です。保険会社側は自分の会社の負担を少しでも減らすように過失相殺を主張します。そのため、示談当初は、過失割合をめぐって被害者側の主張と保険会社側の主張には隔たりがあります。その後の交渉でお互いが譲歩することによって過失割合が決定され、示談が成立します。

しかし、お互いに譲歩せず、交渉が平行線をたどった場合は、裁判所に民事訴訟を提起して、裁判により過失割合を決定することになります。裁判にあたって、過失割合をどのように配分するかは裁判官の自由な裁量に委ねられています。ですから、被害者側の過失割合が0％になることもあります。

民事訴訟においては、裁判所が過失割合を決定するための資料（証拠）を、当事者がそれぞれ提出しなければなりません。そのため、証拠が大変重要な意味を帯びてきます。この場合、事故の態様を明らかにする証拠として刑事裁判記録があれば、必ず利用されます。なお、刑事裁判では事故の態様だけでなく、加害者の被害弁償可能性、被害者の処罰意思が高いかなども考慮され、被害者が刑事裁判に参加し、法廷で意見陳述をすることも可能です。

**過失相殺の計算**

- 全体額が500万円
- 被害者の過失3割（150万円）

加害者の賠償金額
500万円－150万円＝350万円

**相談43** 労災保険が支給される場合の過失相殺の方法

**Case** タクシー会社に勤めている私の父は、交差点で衝突事故を起こして重傷を負いました。治療の結果、命はとりとめましたが、障害等級2級の障害が残りました。過失割合は、相手が70%、父が30%でした。被害総額は1500万円ですが、労災保険から700万円が支給されるそうです。この場合、損害賠償額の算定にあたって、過失相殺と労災給付金の控除のいずれを先にすべきでしょうか。

**回答** 本ケースの事故について、過失割合は相手方が70%、お父様が30%であって、被害総額は1500万円、労災保険から700万円が支給されることが確定したとします。労災保険も加害者に対する損害賠償請求も、ともに被害者の損害のてん補のために支給されます。ただ、労災保険は加害者との間での示談の成立等が不要であるため、一般に損害賠償よりも先に支給されることが多いといえます。

加害者の支払うべき賠償額の計算方法については、2つの考え方があります。1つは、①被害者の総損害額を計算して、②過失相殺を適用し、③その残額について労災保険から支給された給付金を差し引いて、最終的な賠償額を算出する方法です。この考え方によると、本ケースでは、被害総額1500万円の70%の1050万円から労災給付金700万円を差し引いた350万円が賠償額ということになります。

もう1つは、①被害総額を計算して、②労災給付金を控除し、③その残額に過失相殺を適用して、賠償額を算出する方法です。この考え方によると、本ケースでは、1500万円からまず700万円を控除し、残額の800万円に過失相殺をした560万円が賠償額となります。

判例は、被害総額を計算して、過失相殺を適用し、残額について労災保険から支給された給付金を差し引く、前者の考え方を採用しています。よって、本ケースでは350万円を加害者に対して請求できるということになるでしょう。

**相談44** 自賠責保険と任意保険で過失相殺のしかたに違いがあるのか

**Case** 私は、タクシー運転手ですが、交差点で一時停止を怠った乗用車と衝突事故を起こして負傷してしまいました。相手方は自賠責保険と任意保険の双方に加入していたので、各々について示談交渉をしました。交差点に進入する時に、私にも若干の不注意があったので、ある程度の過失相殺はやむを得ないと思っていました。ところが、提示される保険金額を見てみると、自賠責保険と任意保険とでは、過失相殺の割合が異なります。どういうことなのでしょうか。

**回答** 交通事故の保険には、主として自動車損害賠償責任保険（自賠責保険）と任意保険がありますが、双方の保険の性質・内容の違いを知っておく必要があります。

まず、自賠責保険は、事故の被害者に最低限必要な救済を受けさせるために、自動車を所有する際に自動車損害賠償責任法に基づいて加入が強制される保険です（強制保険）。被害者の損害を完全にてん補しようとするものではなく、一定の金額を保障しようとする制度で、社会保障的色彩が強いといえます。そのため、被害者の過失についても、よほどのものでなければ過失相殺の対象とされません。

これに対して、任意保険は、加入者が万が一加害者になってしまった時に備えて、原則として被害者の損害をすべててん補できるように加入する保険です。被害者の受けたすべての損害を正確に計算するため、過失相殺も定額ではなく柔軟に行われます。

つまり、自賠責保険における過失相殺は、過失相殺がされる事由も限定されていることに加えて、過失相殺の割合の幅もほぼ定率化しています。これに対して、任意保険における過失相殺は、事故の状況に応じて柔軟に過失相殺が行われ、かつ、過失相殺の割合も事案に応じてさまざまであるという特徴があります。

自賠責保険と任意保険には、このような性質・内容の違いがあるため、過失相殺の割合が異なります（詳細は次ページ以降を参照）。

# 2 過失割合はどのように決められるのか

**任意保険ではほとんどの場合に過失相殺がなされる**

## 過失割合を知ることも大切

　過失割合について、加害者と被害者双方の意見が食い違って平行線をたどるということは、交通事故の発生原因について、加害者と被害者の言い分が対立していることを意味しています。

　このような場合に備えて、被害者側は事故の発生原因について事実関係を明確にしておくべきです。事故現場を確認するだけではなく、目撃者の証言も得た上で、交通状況や信号がどうなっていたかなどを明らかにします。その前提として174、175ページの表を参考に、基本となる過失割合について自分のケースではどうなるのかについてある程度知っておく必要があります。

　この過失相殺の基準は、典型的な事故のパターンについて、基本となる過失割合を列挙したものです。さらにそれを修正するための要素を考慮して修正率を加算したり減算する場合があります。

## 保険会社と交渉するには

　被害者が保険会社の担当者と示談交渉するときの基本的姿勢としては、とにかく毅然とした態度で臨み、安易に妥協しないということです。

　担当者が提示する過失割合について納得がいかない場合は、その過失割合の根拠となる事実を必ず問いただすようにしましょう。そして、示された事実に納得ができないのであれば、その事実の根拠となる証拠の提示を求めるべきです。担当者の説明に矛盾点や曖昧な部分があれば、必ず指摘します。また、被害者から積極的に主張すべきことがある場合は、あらかじめ根拠となる証拠や証言を準備しておきましょう。

　このような交渉の過程で、必要に応じて担当者に事故状況を記載した書面の提出を求め、事故現場に実地調査に行くなどして、丹念に調査を進めます。

　被害者としては、少しでも自分に有利に交渉が展開するように、証拠を提出して、それを根拠に主張を展

開します。保険会社が過失割合の修正に応じない場合は、その過失割合に従って損害賠償されることになります。妥協したくないのであれば、訴訟によって決着を図るとの強い姿勢を見せながら交渉に臨むことが大切です。

## 自動車保険ではどのように過失相殺が行われるのか

過失相殺は、交通事故によって生じた被害者の損害を、公平性の観点から、被害者の過失の度合に応じて減額して賠償する制度です。

では、自賠責保険と任意保険では、過失相殺の仕方について、異なる点があるのでしょうか。任意保険の場合、ほとんどの事故で過失相殺をします。任意保険では重過失（ちょっとした注意で事故を避けられたのにその注意を著しく怠った場合）だけでなく軽過失であっても過失相殺の対象にするからです。

これに対して、自賠責保険（強制保険）については、被害者に重大な過失があった場合に限って過失相殺をします。被害者が自賠責保険で重過失が認定されるのは、①信号を無視して道路を横断した場合、②横断が禁止されている場所を横断した場合、③道路上に寝ていた場合、④信号を無視して交差点に進入し衝突した場合、⑤センターラインを越えて衝突した場合などです。さらに、過失相殺される減額率も定型化されており、死亡または後遺障害の場合は、20、30、50％の３段階、傷害の場合は、20％だけです。

一方、任意保険では、過失の程度を問わず、被害者に過失があれば過失相殺をします。減額率は、過失割合認定基準表（「別冊判例タイムズ38号」などに掲載されています）から過失割合を導き、それに従って減額します。

任意保険は、実際に発生した損害をてん補する制度なので、軽過失の場合でも過失相殺が行われ、緻密な算定の上で減額率が決められます。

過失相殺する額の計算方法は、まず被害者の総損害額を算出し、この総損害額に被害者の過失割合を掛けてその額を総損害額から控除します。そして、控除後の額から自賠責保険で補てんされた保険金の額を差し引き、残りの額について任意保険から支払いを受けることができます。自賠責保険で損害額の補てんが足りた場合は、任意保険からの支払いはないことになります。

## 被害者の素行が悪いために損害が拡大した場合

　人間は千差万別であり、交通事故の当事者はさまざまな性格や立場を持ちます。そのため、事故後の被害者の素行が悪いケースも中にはあります。被害者の素行不良が原因で治療が長期化した場合やケガなどの症状がさらに悪化した場合、その損害すべてについて加害者が責任を負わなければならないとすると、当事者間の不公平を招くでしょう。

　過失相殺の制度は、当事者間の損害の公平な分担のために、被害者の過失を考慮して賠償額を決定するものです。そこで、被害者の素行不良がある場合、過失相殺によって、損害賠償の支払いを減額できる可能性があります。

　つまり、事故後に被害者が通常要求される注意を怠ったために、ケガが悪化した場合など、損害が拡大したときも過失相殺の制度が適用されます。

　ただ、事故後の過失と拡大損害の間との因果関係の証明は非常に難しいものです。このため、まず加害者の責任を損害全額について認めた上で、過失を認定して過失相殺を行い、実際の賠償額を算定する方法をとっています。

## 人損と物損で過失割合に違いがあるのか

　特に交差点での交通事故は、被害者側に過失があることが多く、場合によっては50：50ということもあります。示談交渉では、この過失割合で意見が分かれることが多々あります。その場合、東京地裁民事交通訴訟研究会の「民事交通訴訟における過失相殺率の認定基準」（別冊判例タイムズ38号）などを基準にして判断します。

　もっとも示談交渉においては、物損と違い、人身に関する損害については、休業による収入の減少や後遺障害などを伴うため、過失割合も被害者に厚く考慮する傾向があります。そのため、物損事故で被害者が保険会社と交渉する際に、保険会社の担当者が乗用車などの物損について厳しい査定をするのは、人損より物損の方が、賠償額が低額に抑えられる傾向にあるという影響を受けているといえます。

　被害者としては、どうしても過失割合が納得いかないのであれば、示談は断って、物損と人身とで異なった過失割合が認定されない裁判に訴える方がよいでしょう。

第6章　ケース別　過失相殺と過失割合

**相談45** 人損と物損で過失割合に違いがあるのか

**Case** 交差点で事故にあい、全身打撲のケガを負った上に、購入したばかりの乗用車はポンコツになってしまいました。交差点での事故なので、示談交渉でも過失相殺は免れないと思っていました。しかし、相手方の保険会社の担当者は、私の傷害に関する過失割合は相手対私で80：20、乗用車の破損に関する過失割合は70：30と、異なった数字を提示してきました。同じ事故から発生した損害なのに、過失割合が異なるということもあるのでしょうか。

**回答** 交通事故においては、被害者側の過失がゼロとなるケースは少なく、被害者にも一定の過失が認められるケースが多いです。特に交差点での交通事故は、被害者側に過失があるとされるケースがとても多く、場合によっては、過失割合が50：50となることもあります。

示談交渉では、過失割合で意見が対立することが多々あります。その場合、東京地裁民事交通訴訟研究会の「民事交通訴訟における過失相殺率の認定基準」（別冊判例タイムズ38号）などを基準にして判断します。また、物損とは異なり、人身に関する損害は、休業による収入の減少（逸失利益）、後遺障害などの生活に関わる損害を伴うため、過失割合も被害者に厚く考慮する傾向があります。そのため、一般的な傾向として、物損事故よりも人身事故の方が過失割合を被害者有利に判断する傾向があります。

そこで、同一事故の物損と人損について、示談交渉は同時に行われることもありますが、別々に行うことも可能です。あなたの場合、保険会社の担当者が、乗用車の物損について厳しい査定をするのは、以上のような背景によると考えられます。この点を考慮に入れて、特に物損の示談交渉に臨んでみるとよいでしょう。

また、過失割合に納得がいかないのでしたら、示談は断って裁判に訴えましょう。裁判では、同一事故の物損と人身とで異なった過失割合が認定されることは原則としてありません。

# 3 歩行者vs車の事故での過失割合はどうなるのか

あらゆるケースにおいて車側の過失責任が重くなっている

### 「歩行者」「車」とは何を指すのか

　歩行者とは、一般的には歩いている状態の人を指します。しかし、交通事故における「歩行者」には、歩いている状態に限らず、道路でただ立っているだけの人や、泥酔して横たわっている人も含みます。車椅子に乗っている人も歩行者です。

　原動機付自転車（原付）や自転車を押して歩いている人も歩行者として扱われます。

　一方、交通事故における「車」には、通常の自動車（四輪車）、自動二輪車（オートバイ）、原動機付自転車（原付）、軽車両（自転車・リヤカーなど）が含まれます。

### 過失割合は車と人でどう違うか

　歩行者と車が衝突する事故では、あらゆるケースで車側が加害者として扱われ、その過失責任が重くなっています。ほとんどのケースで70％以上の責任を車側が負うことになります。これは、無防備な歩行者の方が衝突によって受けるダメージが圧倒的に大きいため、歩行者に対して十分な安全を図るように注意する義務が車側には課されているからです。

　たとえば、信号機で交通整理が行われていない横断歩道を歩行者が横断中には、車はいつでも停止できるようにする義務を負います。この義務に違反して事故を起こすと、車側が100％の過失責任を負わされます。

　なお、自転車については、他の車との衝突事故では、歩行者と同じく自転車の運転者の受けるダメージの方が大きいので、他の車側の過失責任が重くなる傾向があります。しかし、歩行者との衝突事故では、自転車も「車」に含まれることから、後述する自転車修正はあるものの、自転車側が加害者となり、その過失責任が重くなる傾向が強いといえます。

### 要素によって過失割合は増減する

　現実に発生した事故現場は、道路の状況により条件が異なります。さらに、歩行者も老若男女の違いがありますし、事故の発生時間やその時

間の天候も違いがあります。

　以上の諸事情を考慮して、「民事交通訴訟における過失相殺率の認定基準」（別冊判例タイムズ38号）などに掲載している基本的過失割合を増減し、公平を図っていくことになるわけです。この基本過失割合に影響を及ぼす事情を修正要素といい、事故の一方当事者にとって過失割合の増える修正要素を加算要素、逆に減る修正要素を減算要素といいます。

　なお、自転車については、四輪車や自動二輪車に比べて軽量・低速のため、「四輪車と歩行者」の場合に比べて「自転車と歩行者」の事故の方が、車側（自転車側）の過失相殺率が有利となります（自転車修正）。

　基本的な歩行者と車の修正要素には、以下のようなものがあります。

## 歩行者にとっての加算要素

　歩行者側の過失割合が増える加算要素として、①夜間、②幹線道路、③車の直前直後の横断などであることが挙げられます。

### ①　事故発生時が「夜間」の場合

　夜間は、道路の状態、光の反射具合、見通しの悪さなどから、車からは歩行者を発見しにくいのが普通です。反対に、四輪車は通常ヘッドライトを点灯しながら走行しているので、歩行者からは早くから車を発見できます。そのため、夜間の交通事故については、歩行者に５％過失割合が増やされます。

　ただ、夜間であっても、繁華街で昼間のように明るく見通しがよい場所では、歩行者の加算要素にはなりません。車がヘッドライトを点灯していないときなどは、逆に歩行者の減算要素になります。

　また、自転車の前照灯は光量が小さいため、相手が自転車の場合、歩行者の加算要素とはなりません。

### ②　事故発生の場所が「幹線道路」である場合

　幹線道路とは、だいたいの目安として、片側２車線以上の道路で、車道と歩道の区別があり、通行量の多い国道のことです。

　幹線道路では車の通行が頻繁なので、歩行者は特に通行や横断のときに注意しなければなりません。そのため、幹線道路で起こった事故については、歩行者の過失割合が加算されます。具体的には、横断歩道上の事故については５％、横断歩道外の事故については10％加算されます。ただし、自転車との事故については、両者とも同じ方法による通行が考え

られるため、歩行者の加算要素に該
当しません。

③ 歩行者が直前直後を横断した場合

車の直前直後を横断することは禁
止されています。また、斜め横断を
したり、横断中に急に立ち止まった
り後戻りしたときも、歩行者にとっ
ての加算要素になります。

## 歩行者にとっての減算要素

歩行者側の過失割合が減る減算要
素として、以下のものがあります。

① 事故の発生場所が「住宅・商店
街」である場合

住宅街は人の居住空間なので、車
はより注意する義務があります。ま
た、商店街では人通りが多いので、
やはり車はより注意して走行しなけ
ればなりません。そのため、これら
の場所での事故については、歩行者
の減算要素に該当します。なお、朝
夕の通勤者が多い場所でも、同じく
歩行者の過失割合が減ります。

② 歩行者が「児童・高齢者」「幼児・
身体障害者等」である場合

歩行者が児童や高齢者などの場合
は、車に対する危険を見通して注意
し、車との衝突を避ける能力が落ち
るので、歩行者の過失割合が減りま
す。だいたいの目安として、幼児は

6歳未満の者を指し、高齢者は65歳
以上の者を指します。

③ 歩行者が「集団横断・通行」し
ていた場合

集団登下校中のように、歩行者が
集団で道路を横断していた場合は、
車から見て歩行者を発見しやすいの
で、歩行者の過失割合が減ります。

④ 車の方に「著しい過失」「重過失」
がある場合

車に著しい過失や重過失が認めら
れると、その程度に応じて歩行者の
過失割合が減ります。たとえば、酒
気帯び運転、携帯電話を操作しなが
らの運転は「著しい過失」として過
失割合が10％ほど減ります。

また、酒酔い運転、時速30km以
上のスピード違反、居眠り運転（自
転車の場合は時速15kmを大幅に超
える速度、傘差し、携帯電話操作な
どによる運転）は「重過失」として
過失割合が20％ほど減ります（自転
車の場合は自転車修正が行われるこ
とから20％減に限られません）。

⑤ 「歩道と車道の区別がない道路」
で事故が発生した場合

歩行者にとって生活道路であれば、
車が注意すべきなので、歩行者の過
失割合が5〜10％減ります。

第6章

ケース別　過失相殺と過失割合

173

# 歩行者と四輪車の事故

## ◆信号機のある横断歩道での事故

| 事故の基本状況 | 事故の詳しい状況 | 過失割合 |
|---|---|---|
| 歩行者と直進車の事故 | 歩行者が青で横断開始、車が赤で進入 | 歩行者は0%<br>車は100% |
| | 歩行者が黄で横断開始、車が赤で進入 | 歩行者は10%<br>車は90% |
| | 歩行者が赤で横断開始、車が青で進入<br>（車に安全運転義務違反があることが前提） | 歩行者は70%<br>車は30% |
| | 歩行者が赤で横断開始、車が黄で進入 | 歩行者は50%<br>車は50% |
| | 歩行者が赤で横断開始、車が赤で進入 | 歩行者は20%<br>車は80% |
| 歩行者と右左折車の事故 | 歩行者が青で横断開始、車が青で進入 | 歩行者は0%<br>車は100% |
| | 歩行者が黄で横断開始、車が青で進入 | 歩行者は30%<br>車は70% |
| | 歩行者が黄で横断開始、車が黄で進入 | 歩行者は20%<br>車は80% |
| | 歩行者が赤で横断開始、車が黄で進入 | 歩行者は30%<br>車は70% |
| | 歩行者が赤で横断開始、車が赤で進入 | 歩行者は20%<br>車は80% |

## ◆横断歩道のない道路での事故

| 事故の基本状況 | 事故の詳しい状況 | 過失割合 |
|---|---|---|
| 通常の道路での事故 | 歩行者が通常の道路を横断中、<br>車が通過 | 歩行者は20%<br>車は80% |
| 交差点での事故 | 歩行者が狭路を横断中、車が進入 | 歩行者は10%<br>車は90% |
| | 歩行者が広路を横断中、右折車が進入 | 歩行者は10%<br>車は90% |

## 信号機の設置されている横断歩道の直近の事故

| 事故の基本状況 | 事故の詳しい状況 | 過失割合 |
|---|---|---|
| 車が横断歩道を通過後の事故 | 車が赤で直進、<br>歩行者が青で横断開始 | 歩行者は5%<br>車は95% |
| | 車が赤で直進、<br>歩行者が黄で横断開始 | 歩行者は15%<br>車は85% |
| | 車が赤で直進、<br>歩行者が赤で横断開始 | 歩行者は25%<br>車は75% |
| | 車が黄で直進、<br>歩行者が赤で横断開始 | 歩行者は50%<br>車は50% |
| | 車が青で直進、<br>歩行者が赤で横断開始 | 歩行者は70%<br>車は30% |
| | 車が黄で右左折のために交差点に進入、<br>歩行者が黄で横断開始 | 歩行者は30%<br>車は70% |
| | 車が黄で右左折のために交差点に進入、<br>歩行者が赤で横断開始 | 歩行者は40%<br>車は60% |
| | 車が青で右左折のために交差点に進入、<br>歩行者が青で横断開始 | 歩行者は10%<br>車は90% |
| 横断歩道の手前での事故 | 歩行者が青で横断開始、<br>車が赤で進入 | 歩行者は10%<br>車は90% |
| | 歩行者が黄で横断開始、<br>車が赤で進入 | 歩行者は20%<br>車は80% |
| | 歩行者が赤で横断開始、<br>車が赤で進入 | 歩行者は30%<br>車は70% |
| | 歩行者が赤で横断開始、<br>車が黄で進入 | 歩行者は50%<br>車は50% |
| | 歩行者が赤で横断開始、<br>車が青で進入 | 歩行者は70%<br>車は30% |

※直近とは、幅員14メートル以上の幹線道路ではおおむね10メートル以内、それ以外の道路ではおおむね
5メートル以内を考えればよいとされています。

第6章

ケース別　過失相殺と過失割合

**相談46** 路上で遊ぶ子供をバックでひいてしまった場合

**Case** 運送会社を経営しています。当社の運転手が勤務中、バックしていたときに車道の路上で落書き遊びをしていた9歳の子供をひいてしまい、重傷を負わせてしまいました。当社の車にはバックする時には、「バックします」との音声を連続して発する機能がついているのですが、子供は遊びに夢中で気づかなかったようです。また、歩道と車道ははっきり分かれていたようです。任意保険には加入していますが、過失割合はどうなるのでしょうか。

**回答** 本ケースは後退車と歩行者との衝突事故ですが、この場合の基本的過失割合は「運転手：子供＝95対5」となります（別冊判例タイムズ38号「民事交通訴訟における過失相殺率認定基準」による）。

　被害者側の落ち度としては、歩車道の区別のある道路で車道にいたこと、車には音声機能がついていて警笛を鳴らしていたのと同様に考えることができること、が挙げられます。これらの事情によって、あわせて20％ほど被害者側の過失割合が加算されます。特に過失相殺の判定で重要なのは、警笛や音声機能によりバックに関する合図を出していたか否かです。

　もっとも、道路交通法上、バックする際は後方確認が義務付けられているにもかかわらず、本ケースでは運転手が後方を確認しないままバックしているようです。また、いくら後方不確認だとしても、ゆっくりした速さでバックすべきでした。被害者が9歳の児童であることも不利益な材料となります。これらの事情によって、あわせて25％ほど加害者側の過失割合が加算されます。結局、計算上の加害者の過失割合が100％となるため、過失相殺は認められず、加害者側が100％の損害賠償責任を負うことになりそうです。

　また、場合によっては事故が起こった状況が重要視される場合があり、たとえば、事故現場が住宅街であるような場合には、加害者にとってさらに不利な要素になります。

**相談47** 突然飛び出してきた泥酔者をひいた場合

**Case** 先日、会社から車で帰宅途中、泥酔した男がいきなり私の車の前に飛び出し、接触してしまいました。幸い制限速度以下で徐行運転をしていたため、相手の男は軽傷ですみましたが、その男は私が悪いのだから損害賠償を請求するといっています。私は損害賠償に応じなければならないのでしょうか。

**回答** 道路に飛び出してきた相手の男に非があるようにも思えますが、運転者であるあなたが100％免責されるのは難しいでしょう。ただ、過失相殺が行われて、賠償額が減らされる余地は十分にあります。最終的には、示談や裁判で決められた過失割合で損害賠償に応じることになります。

車対車の事故の場合、相手の非常識で予期できないような運転（信号無視、大幅なスピード違反など）の結果として、事故が発生してしまったのであれば、交通ルールを守っていた側の運転者は過失責任が否定されることもあります（信頼の原則）。

しかし、人対車の場合、相手（人）が非常識な行動をとったために事故が発生したとしても、交通弱者である歩行者を救済する見地から、車側の過失責任が100％免責されることはほぼありません。また、人対車の事故で車側の責任がまったくないとした場合、自賠責保険からの保険金は出ないことになってしまいますから、ケガをした相手（人）が救われません。少々、不合理な結論に思えるかもしれませんが、前提として「自動車は人の生命を奪いかねない危険な道具である」という考えが念頭に置かれています。そのため、運転者に対しては、常に前方を注意する義務や適切な制動操作等を行う義務が課せられています。

ただ、人対車の事故であっても、被害者の行動があまりにも異常で、車両の運転者が相当の注意を払っていても避けることは不可能であったと判断されれば、100％免責されることもあります。実際の判例でも、加害者が100％免責されたケースがいくつかあります。

## 4 車同士の事故では過失割合はどうなるのか

### 課せられている義務は双方の車とも基本的に同じである

### 双方の車とも同じ義務がある

車同士の事故の場合、果たさなければならない義務は、双方の車とも基本的に同じです。また、車同士の衝突があっても、各運転者が被る損害は、歩行者対車の場合ほど際立った違いはありません。そのため、過失割合も歩行者対車のように、明白な格差が生じることはまれです。

車同士の事故では、状況しだいで加害者と被害者とが簡単に入れ替わります。そのため、基本的過失割合も個別のケースによって細かく場合分けをしています。

さらに、基本的過失割合を修正する修正要素には、すべてのケースに共通するものとして「著しい過失」と「重過失」があります。著しい過失の例としては、著しい左右前方の不注視、酒気帯び運転、時速15km以上30km未満のスピード違反などがあります。重過失の例としては、無免許運転、酒酔い運転、時速30km以上のスピード違反、居眠り運転などがあります。

### 交差点における直進車同士の事故

まず、信号機が「ある」交差点では、車が交差点に進入したときの信号によって基本的過失割合が決まります。双方ともに赤であれば、過失割合が50%となります。一方、黄色信号と赤信号であれば、直進車の優先程度に差が生じるため、前者の過失割合を20%と考えます。

次に、信号機が「ない」交差点では、優先道路または幅員の明らかに広い道路から進入してきた車が有利になります。それ以外の道路では、左から進入してきた車が優先するという「左方優先の原則」や、一方通行違反の有無が大きく影響します。

### 交差点における直進車と右左折車の事故

道路交通法上、交差点で右折をする車は、その交差点を直進する車の進行を妨害してはいけません。これを「直進車優先の原則」といいます。

直進車対右折車といっても、同じ道路を対向方向から進入してきた場

合（右直事故）と、同じ方向からき
た車同士でその一方が他方の左方か
ら進入してきた場合（左直事故）と
では、状況はかなり異なります。各
ケースでは、他のさまざまな要素を
加味して過失割合を決めています。

　また、直進車と左折車の事故は、
交差している道路からの左折車と直
進車との事故を意味しますが、優先
道路や幅員が明らかに広い道路を直
進している場合を除いて、直進車も
徐行をしなければなりません。その
ため、徐行や減速をしているかとい
う点も考慮して、基本的過失割合が
決められています。

## 交差点における右左折車同士の事故

　交差点で右折する場合には、徐行
しつつ他の進入車両に注意すべき義
務が課せられています。そのため、
右折車同士の事故については、徐行
や右折するにあたって通常の減速を
しているかを判断要素として、基本
的過失割合が決められています。

　一方、左折車と対抗右折車との事
故の場合、交差点の優先関係は、右
折車は直進車及び左折車より劣後の
関係にあります。このため、基本的
過失割合は対抗右折車の方が重くな

ります。この基本的過失割合から、
大型車かどうか、徐行・大回り・左
折方法違反の有無、過失の有無と
いった事情を考慮して、実際の過失
割合を判断します。

## 交差点における右左折車と後続直進（追越）車との事故

　この場合の事故については、「交
差点で右左折しようとする車は、交
差点の30m手前から合図を出し、そ
の方向にできる限り寄せなければな
らない」という義務があることを前
提として考えます。状況別に各種の
事情を加味して、基本的過失割合を
決めています。なお、右左折しよう
とする先行車があらかじめ右左折
しようとする側に寄っている場合と、
寄っていない場合では、基本過失割
合が異なります。

## T字型交差点における事故

　T字型交差点も、直進路と突き当
たり路の間での優先の別、幅員の違
い、一時停止の有無などによって、
基本的過失割合は10 ～ 20％程度ず
つ異なってきます。ただ、運転慣行
上、突き当たり路から進入する車は
徐行するものといえますし、十字交
差点と異なり対向車線に注意する必

第6章　ケース別　過失相殺と過失割合

179

要はありません。そこで、突き当たり路から進入する車の方が、直進路から進入してくる車よりも、注意すべき義務は高くなっています。

## 道路外出入車と直進車との事故

道路外出入車とは、道路の外にある駐車場・ガソリンスタンド・工事現場などと道路との間を出入りする車のことです。

基本的過失割合が決められてはいますが、いくつかの修正要素を加味して責任が増減します。道路外出入車が徐行をしているか、合図を出しているか、車の頭を出して待機していたか、すでに右左折を終了していたかなどが主な修正要素となります。

## 対向車同士の事故

対向車同士の事故では、反対車線にはみ出した方が100％の過失責任を負うのが原則です。しかし、幅員が狭い道路やセンターラインが引かれていない道路では、はみ出していない車の方にも、一定の前方不注視責任が問われることがあります。前方不注視の程度によって10〜20％の修正が加えられます。

なお、一方の車が道路の外に出ようとして右折するケース（道路外出入車の事故）、道路外から反対の道路外へ出ようとして横断したケース、Uターンして反対車線にはみ出たケース（転回車の事故）は、ここには含まれないので注意してください。

## 同一方向に進行する車両同士の事故

同一方向に進行する車同士の事故には、以下の3パターンがあります。

① 追越車と被追越車との場合

基本的過失割合は、追越車の責任の方が圧倒的に高くなっています。

追越禁止の道路とは、標識などによって追越禁止が指定されている道路の他、上り坂の頂上付近、急な下り坂、曲がり角付近、交差点、踏切、トンネルなどの道路です。また、追越の危険な道路とは、雨のためスリップしやすい道路、見通しの悪い道路、歩行者の多い道路、凹凸の激しい道路、狭い道路などです。

② 進路変更車と後続直進車の場合

進路変更車が合図を出すなどの義務を守っていることを前提に、基本的過失割合を決めています。そのため、事故の発生した場所が進路変更禁止の場所であったり、進路変更の合図を出していなかったりすると、過失割合が修正されます。

### ③ 追突事故の場合

追突事故のケースでは、原則として、追突した車の方に100％の過失責任があります。走行している車には、事故を防ぐために前方を注視する義務、車間距離を十分に保つ義務が課されているからです。

ただ、追突された車が、やむを得ない理由もなく急ブレーキをかけた場合は、過失割合が修正されます。

## 転回車と直進車との事故

直進車と転回車（Ｕターン車）との事故については、同一方向に進行する車両同士の事故とは考えずに、別個のケースとして考えています。転回車の場合は、課されている注意義務が異なるためです。

直進車と転回車の事故は、大きく転回（Ｕターン）が途中である場合と、転回が終了している場合に分けられます。ただ、他の車の正常な交通を妨害するおそれがあるときは、転回は禁止されています。そのため、いずれにしても転回車の方が基本的過失割合は高くなっています。

## 駐停車車両に対する追突事故

イメージとしては、道路に駐停車している四輪車に後ろから走行して

きた四輪車が追突してきた場合です。

道路交通法は、駐停車禁止区域や駐停車する場合の方法について規定しています。しかし、違法駐車が後を絶たないこともあり、駐停車車両に対する追突事故は多くなっています。

駐停車車両に対する追突事故についての過失割合の基準は、原則として、追突車両が100％の過失責任を負います。ただし、駐停車車両について、駐停車禁止場所への駐車、非常点滅灯の不灯火といった過失が存在する場合には、追突車両の過失割合が10 〜 20％減額されます。

## 一方が緊急車両

道路交通法上、運転消防用自動車や救急用自動車など、緊急用務のための自動車を緊急自動車といいます。緊急車両とも呼ばれます。

一方が緊急車両である場合は、通常の車両同士の事故と違った検討が行われます。青信号で直進進入した車や、優先道路を通行して進入した車など、本来は優先する場面において、緊急自動車の通行がさらに優先されます。よって、基本的過失割合は、緊急車両以外の車の過失が多くなる傾向があります。

第6章　ケース別　過失相殺と過失割合

181

# 四輪車と四輪車の事故

## ◆交差点における直進車同士の事故①

| 事故の基本状況 | 事故の詳しい状況 | 過失割合 |
|---|---|---|
| 信号機のある交差点での事故 | A車が青、<br>B車が赤で進入 | Aは0%<br>Bは100% |
| | A車が黄、<br>B車が赤で進入 | Aは20%<br>Bは80% |
| | A車が赤、<br>B車が赤で進入 | Aは50%<br>Bは50% |
| 信号機のない交差点での事故<br>（同幅員の交差点） | 左方車A、右方車Bが<br>同程度の速度 | Aは40%<br>Bは60% |
| | 左方車Aは減速をせず、<br>右方車Bは減速 | Aは60%<br>Bは40% |
| | 左方車Aは減速、<br>右方車Bは減速せず | Aは20%<br>Bは80% |

## ◆交差点における直進車同士の事故②

| 事故の基本状況 | 事故の詳しい状況 | 過失割合 |
|---|---|---|
| 一方が明らかに広い道路での事故 | 広路車Aと狭路車Bが同程度の<br>速度で進入 | Aは30%<br>Bは70% |
| | 広路車Aと狭路車Bが同程度の<br>速度で進入（見通しのよい交差点） | Aは20%<br>Bは80% |
| | 広路車Aは減速せず、狭路車Bは<br>減速して進入 | Aは40%<br>Bは60% |
| | 広路車Aは減速、狭路車Bは<br>減速せずに進入 | Aは20%<br>Bは80% |
| 一時停止規制がない直進車と<br>一時停止義務違反車の事故 | AとBが同程度の速度 | Aは20%<br>Bは80% |
| | Aが減速せず、Bは減速 | Aは30%<br>Bは70% |
| | Aが減速、Bは減速せず | Aは10%<br>Bは90% |
| | Aが徐行、Bは減速せず | Aは0%<br>Bは100% |
| | Bが一時停止し、Aを確認後に進入 | Aは40%<br>Bは60% |

## ◆交差点における右折車と直進車の事故（右直事故）

| 事故の基本状況 | 事故の詳しい状況 | 過失割合 |
|---|---|---|
| 信号機のある交差点での事故 | 直進車Ａ、右折車Ｂが共に青で進入 | Ａは20%<br>Ｂは80% |
| | 直進車Ａが黄、右折車Ｂが青で進入後、黄で右折 | Ａは70%<br>Ｂは30% |
| | 直進車Ａ、右折車Ｂが共に黄で進入 | Ａは40%<br>Ｂは60% |
| | 直進車Ａ、右折車Ｂが共に赤で進入 | Ａは50%<br>Ｂは50% |
| | 直進車Ａが赤で進入、右折車Ｂが青で進入後、赤で右折 | Ａは90%<br>Ｂは10% |
| | 直進車Ａが赤で進入、右折車Ｂが黄で進入後、赤で右折 | Ａは70%<br>Ｂは30% |
| | 直進車Ａが赤で進入、右折車Ｂが青矢印による右折可の信号で進入 | Ａは100%<br>Ｂは0% |
| 信号機のない交差点での事故 | Ａが直進、Ｂが右折 | Ａは20%<br>Ｂは80% |

## ◆直進車と右左折車の事故

| 事故の基本状況 | 事故の詳しい状況 | 過失割合 |
|---|---|---|
| Ｔ字型交差点での事故 | （同幅員の交差点で）<br>直進車Ａと右左折車Ｂ | Ａは30%<br>Ｂは70% |
| | （一方が明らかに広い道路で）<br>広路直進車Ａと右左折車Ｂ | Ａは20%<br>Ｂは80% |
| | （一方が優先道路である場合の）<br>直進車（優先車）Ａと右左折車Ｂ | Ａは10%<br>Ｂは90% |
| | （右左折車側に一時停止規制がある場合の）直進車Ａと右左折車Ｂ | Ａは15%<br>Ｂは85% |
| 直進車Ａと道路外出入車Ｂとの事故 | 路外からの車両Ｂが道路を横切って右方に進入 | Ａは20%<br>Ｂは80% |
| | 路外からの車両Ｂが左方に進入 | Ａは20%<br>Ｂは80% |
| | 車両Ｂが道路を右折して路外に出る | Ａは10%<br>Ｂは90% |

183

## ◆対向車同士の事故

| 事故の基本状況 | 事故の詳しい状況 | 過失割合 |
|---|---|---|
| センターラインあり | 自車線内を走行するAとセンターラインをオーバーしたBが衝突 | Aは0%<br>Bは100% |
| センターラインなし | あまり広くない道路の左側を走行するAと前方不注視により道路中央をわずかに超えたBが衝突 | Aは20%<br>Bは80% |

## ◆同一方向に進行する車同士の事故

| 事故の基本状況 | 事故の詳しい状況 | 過失割合 |
|---|---|---|
| 進路変更 | 進路変更したBに後続車Aが衝突 | Aは30%<br>Bは70% |
| 追突 | やむを得ない理由もなく急ブレーキをかけたAにBが追突 | Aは30%<br>Bは70% |
| | 制動灯（ブレーキ・ランプ）に故障があるAにBが追突 | Aは40〜50%<br>Bは50〜60% |

**相談48** 交差点を右折するダンプカーが直進車と衝突した場合

**Case** 私は運送会社に勤務しており、ダンプカーを運転しています。先日、工事現場近くの交差点に進入したとき、急ぐあまり徐行しないまま右折したところへ、前方から、かなりのスピードで乗用車が進んできて衝突事故を起こしました。このような場合、過失割合はどうなるのでしょうか。

**回答** 交通事故の場所が交差点の場合、過失割合の算定は非常に複雑となります。まず、車両が交差点で右折する場合、直進車や左折車がいるときは、それらの車両の進行妨害をしてはならない、と道路交通法は規定しています（直進車優先の原則・左方優先の原則）。よって、右折車が交差点で事故を起こした場合、この規定に違反していることから、過失割合の算定で右折車は不利益に扱われます。

たとえば、同一道路で対向方向から交差点に進入してきた車同士の事故の場合、双方ともに青信号で交差点に進入していたとしても、交差点で右折する車は直進車・左折車の進行を妨害してはならないので、右折車には80％の過失割合があります。つまり、基本的過失割合は右折車対直進車で80対20となります。

この基本過失割合に修正要素を加えます。あなたのような右折車の場合、道路交通法上、交差点の中心の直近の内側を徐行しなければなりません。しかし、徐行していないのでマイナス要素となり、10％加算されます。さらに、事故になった場合の危険性から、ダンプカーなどの大型車は5％加算されます。結局、15％加算になります。

これに対し、相手方（直進車）はスピード違反のようなので、その点はあなたにとって過失割合の減算要素となります。そして、相手方はかなりのスピードということで、具体的にどれの程度の制限速度違反かは不明ですが、仮に15km以上とすると10％、30km以上とすると20％、あなたの過失割合が減ります。

**相談49** 黄色信号無視と赤信号無視の車が交差点で衝突した場合

**Case** 私は個人タクシーの運転手ですが、交通事故を起こしました。交差点で信号待ちをしていましたが、急いでいたこともあり、交差道路の信号が黄色に変わったので、赤信号になった時に（青信号になる前に）発進しました。ところが、交差道路から乗用車が猛スピードで交差点に進入し、幸いにも乗客は無事でしたが、私は負傷し、車も損傷しました。交差点進入時、相手は黄信号で私は赤信号だったのですが、この場合の過失割合はどうなるのでしょうか。相手は、20kmの制限速度違反は認めており、進入直後に黄信号は赤に変わっていたそうです。

**回答** 相手方は、黄信号で交差点に進入していますが、あなたも信号無視をしています。そこで、いずれの過失割合が大きいのかということですが、赤信号での進行は黄信号に比べて交差点に進入することの危険性ははるかに高く、進行が許されません。ですから、黄信号無視と赤信号無視の直進車両同士が衝突事故を起こした場合の過失割合は、黄信号無視の車対赤信号無視の車で20対80と差がついています。

　もっとも、信号が黄色の場合についても赤の場合と同様に、車に停止すべき義務があります。ただ、交差点に進入する直前で信号が黄色に変わった場合には、安全に停止できないことから、青信号で交差点に進入した場合と同様に扱われています。

　ただし、これは基本的過失割合であるため、双方の修正要素を考慮して実際の過失相殺を行います。相手方の進入直後に信号は黄色から赤に変わっています。同じ黄色の信号無視でも、直後に赤信号に変わる状況は極めて危険なので、マイナスの修正要素として、相手方の過失割合が10％加算されます（あなたの過失割合が10％減ります）。また、20kmの制限速度違反の点についても、相手方の過失割合が10％加算されます。

　以上から、あなたと相手方との最終的な過失割合は40対60となることが予想されます。

186

## 5 バイクvs車の事故と過失割合

四輪車側の過失割合の方が重くなっている

### 単車と四輪車の言葉の意味

ここでは、単車（バイク）と四輪車とが衝突した事故について、多様なケースの基本的過失割合を取り上げます。想定されるケースは、車同士の事故とほぼ同じです。

たとえば、幹線道路上であるか、信号の有無、見通しがきくかどうかなどで分類された交差点の事故、右折禁止や減速が規定された道路などでの事故が挙げられます。交差点の場合は、信号無視の程度もケース別に取り上げています。

なお、用語については、次のように定めます。

① **単車（バイク）**

自動二輪車ですが、原動機付自転車（原付）も含まれます。

② **四輪車**

通常の乗用車や運搬車として使用される四輪車を基本的に想定します。三輪自動車や大型トラックなどの三輪や四輪超の自動車も含めます。

### 単車と車での過失割合

単車の運転者は物理的に身体が防護されている状態ではないため、単車と四輪車の事故が発生した場合、単車側が衝突により発生する人身損害が拡大する可能性があります。

そのため、歩行者と車の事故の場合と同じく、単車側を保護するために、四輪車側の過失割合の方が重くなるように修正されています（単車修正）。たとえば、信号機によって交通整理が行われている交差点で、単車が青信号に従って直進し、四輪車が赤信号を無視して直進した場合、四輪車の過失責任が100％と扱われます。もし単車側が安全確認を怠った場合や、容易に回避できるにもかかわらずその措置をとらなかった場合でも、単車側に5％過失割合が加算されるにとどまります。

また、単車が黄信号で交差点に進入し、四輪車が赤信号を無視して交差点に進入した場合でも、直前で信号が変わったために単車が安全に停止できなかったときは、青信号進入

したものとして扱われます。赤信号に変わる直前であっても、単車の過失割合が10%加算されるのみです。

また、単車の場合は、危険を感じてもそれを回避するための措置をとりにくいことから、衝突のケースによってはその点も加味して基本的過失割合が決定されます。特に速いスピードで走行している場合は、この傾向が強いといえます。

## 修正要素とは

交通事故が起こる場合に通常見られる過失（注意義務に対する違反）については、基本的過失割合に織り込み済みです。具体的には、左右前方に対する安全確認を怠ったままの走行や、信号待ち後の安全確認を怠った発進、危険発見後に通常期待される衝突回避のための措置を怠った場合などがこれにあたります。

しかし、さらなる注意義務違反がある場合は、基本的過失割合に対して修正が行われます。過失の程度に応じて①著しい過失、②重過失に分類され、5～20％の過失割合の増減がなされることになります。

① 著しい過失

時速15km以上30km未満のスピード違反、著しいハンドル操作の誤り行為、携帯電話の通話・通信行為、酒気帯び運転、単車が改造された場合などがあります。また、単車の場合は、運転者・便乗者がヘルメットを着用せずに走行した場合が挙げられます。

② 重過失

重過失は、著しい過失に比べてさらに悪質で、故意に限りなく近いといえる行為が含まれます。たとえば、無免許運転、居眠り運転、時速30km以上の著しいスピード違反、薬物・疾病を原因とする運転、酒酔い運転などが挙げられます。また、単車の場合は、危険な態勢での運転やヘルメットを着用せずに高速道路を運転していた場合などがあります。

なお、著しい過失と重過失以外にも、事故現場の具体的な状況によって修正が行われます。たとえば、交差点で右折するときの早回り右折や一時停止義務違反、見通しがきかない交差点での右左折における徐行義務違反（減速しない）などがある場合は、過失割合が修正されます。また、優先度が低い狭い通路から交差点に先に進入するケースである「明らかな先入」も、重要な修正要素のひとつです。

## 単車と四輪車の事故

### ◆交差点での直進車同士の出会い頭の事故

| 事故の基本状況 | 事故の詳しい状況 | 過失割合 |
|---|---|---|
| 信号機のある交差点での事故 | 単車Aが青、四輪車Bが赤で進入 | Aは0%<br>Bは100% |
| | 単車Aが赤、四輪車Bが青で進入 | Aは100%<br>Bは0% |
| | 単車Aが黄、四輪車Bが赤で進入 | Aは10%<br>Bは90% |
| | 単車Aが赤、四輪車Bが黄で進入 | Aは70%<br>Bは30% |
| | 単車Aが赤、四輪車Bも赤で進入 | Aは40%<br>Bは60% |
| 信号機のない交差点での事故<br>（同幅員の交差点） | 左からくる単車Aと四輪車Bが、<br>同程度の速度 | Aは30%<br>Bは70% |
| | 左からくる単車Aは減速し、<br>四輪車Bは減速せず | Aは15%<br>Bは85% |
| | 左からくる単車Aは減速せず、<br>四輪車Bは減速 | Aは45%<br>Bは55% |
| | 右からくる単車Aは減速し、<br>四輪車Bは減速せず | Aは35%<br>Bは65% |
| | 右からくる単車Aは減速せず、<br>四輪車Bは減速 | Aは60%<br>Bは40% |

### ◆同一道路を対向方向から進入した右折車と直進車との事故（右直事故）

| 事故の基本状況 | 事故の詳しい状況 | 過失割合 |
|---|---|---|
| 信号機のある交差点での事故 | 単車Aは青で直進、四輪車Bは青で<br>右折 | Aは15%<br>Bは85% |
| | 単車Aは黄で直進、四輪車Bは青で<br>交差点に進入後、黄で右折 | Aは60%<br>Bは40% |
| | 単車Aは黄で直進、四輪車Bは黄で<br>右折 | Aは30%<br>Bは70% |
| | 単車Aは赤で直進、四輪車Bは赤で<br>右折 | Aは40%<br>Bは60% |
| | 単車Aは赤で直進、四輪車Bは青で<br>交差点に進入後、赤で右折 | Aは80%<br>Bは20% |
| | 単車Aは青で右折、四輪車Bは青で<br>直進 | Aは70%<br>Bは30% |
| | 単車Aは青で交差点に進入後、黄で<br>右折、四輪車Bは黄で直進 | Aは25%<br>Bは75% |
| | 単車Aは黄で右折、四輪車Bは黄で<br>直進 | Aは40%<br>Bは60% |
| | 単車Aは赤で右折、四輪車Bは赤で<br>直進 | Aは40%<br>Bは60% |
| | 単車Aは青で交差点に進入後、赤で<br>右折、四輪車Bは赤で直進 | Aは10%<br>Bは90% |

第6章　ケース別　過失相殺と過失割合

## ◆直進車と道路外出入車の事故

| 事故の基本状況 | 事故の詳しい状況 | 過失割合 |
|---|---|---|
| 直進する単車と路外の四輪車の事故 | 路外車Bが道路に進入 | Aは10%<br>Bは90% |
| | 路外車Bが一方車線を横切って<br>他車線に進入 | Aは10%<br>Bは90% |
| 直進する四輪車と路外の単車の事故 | 路外車Bが道路に進入 | Aは30%<br>Bは70% |
| | 路外車Bが一方車線を横切って<br>他車線に進入 | Aは30%<br>Bは70% |

## ◆同一方向に進行する車同士の事故

| 事故の基本状況 | 事故の詳しい状況 | 過失割合 |
|---|---|---|
| 四輪車の進路変更 | 進路変更した四輪車Bと<br>後続の単車Aが衝突 | Aは20%<br>Bは80% |
| 単車の進路変更 | 進路変更した単車Bと<br>後続の四輪車Aが衝突 | Aは40%<br>Bは60% |

# 6 自転車vs車の事故と過失割合

自転車は歩行者と単車の間に位置づけられている

## 自転車と四輪車で過失割合はどう違うか

自転車の運転者の身体は物理的に防護されていません。そのため、衝突による人身損害は、明らかに自転車側の方が拡大しやすいものになりますので、基本的過失割合を決めるときには、自転車側を保護するための修正が行われています。

ただ、オートバイと違って自転車は、免許がなくても誰でも乗ることができるので、保護修正は、オートバイの場合に比べて自転車側により有利になっています。

たとえば、自転車が青信号に従って交差点を直進し、四輪車が赤信号を無視して交差点に進入し衝突した場合は、自動車の過失責任が100％と扱われます。ただし、自転車側がわき見運転をしたり、2人乗りをしていた場合は、自転車側の過失割合が5〜10％増えます。一方、自転車側が高齢者や児童の場合は、自転車側の過失割合が5％減ります。

これに対して、四輪車が青信号に従って交差点を直進しているのに対して、自転車が赤信号を無視して交差点を直進している場合も、自動車が青信号で進んでいるという適法行為に出ているのに、ここでも自転車側を保護する姿勢が打ち出されており、原則として、自転車の過失割合は20％、自動車の過失割合は80％となります。もっとも、夜間の場合は自転車を見つけづらいので、四輪車の過失割合を5％減らすことが認められています。

## 自転車と四輪車の事故の修正要素

自転車と四輪車の事故の場合でも、事故が起きるときには通常見受けられる過失（注意義務に対する違反）は、すでに基本的過失割合に含めて考えられています。しかし、それを超える過失がある場合や、ケースによって起こり得る注意義務違反については、加算要素や減算要素として過失割合の修正に使用されます。

そして、自転車は歩行者に近づけて考えるので、歩行者と四輪車の事

故の場合と似ている修正要素が見られます。たとえば、時速10km以下である場合や、自転車を押して歩いている場合は、歩行者対四輪車と同視されます。ただし、自転車が通常の速度以上（時速30km程度以上）で走行している場合は、オートバイと四輪車の事故に近づけて考えます。

## 自転車の加算要素

### ① 「夜間」の事故

夜間では、四輪車はヘッドライトを点灯しています。そのため、自転車の方から四輪車は比較的容易に発見できます。反対に、自転車が暗い交差道路から進入してきたときなどは、四輪車から自転車の発見が困難になるため、この場合は自転車側に5％の過失割合が加算されます。

### ② 「著しい過失」「重過失」

夜間でライトをつけない走行、脇見運転、2人乗り、酒気帯び運転などの場合は「著しい過失」として、自転車側の過失割合が5〜10％増えます。また、明らかな猛スピードでの交差点への進入、ブレーキをかけないまま坂道を下る行為、片手運転、酒酔い運転、ブレーキの故障などがあると「重過失」として、自転車側の過失割合が10〜20％増えます。

### ③ 右側通行

自転車は、道路の左側を通行しなければなりませんので、自転車が右側通行をして、四輪車から見て左側から進入した場合、自転車側の過失割合が5％加算されます。

## 車の加算要素

### ① 自転車の運転者が「児童等・高齢者」である場合

児童等とは概ね13歳未満の者を指し、高齢者とは概ね65歳以上の者を指します。これらの者はより保護の要請があるので、四輪車側の過失割合が10％増えます。

### ② 「著しい過失」

四輪車側の著しい過失としては、危険発見後の著しい運転ミス（ハンドル、ブレーキ操作などのミス）、時速15km以上30km未満のスピード違反、著しい前方不注視、酒気帯び運転などがあります。状況と程度に応じて、四輪車側に5〜20％の過失割合の加算があります。

### ③ 「重過失」

四輪車側の重過失としては、時速30km以上のスピード違反、酒酔い運転、無免許運転などがあります。状況と程度に応じて、四輪車側に過失割合が10〜20％加算されます。

# 7 高速道路上の事故と過失割合

**通常の道路とは運転者に課されている義務が異なる**

## 通常と異なる取扱いがなされる

　高速道路における事故では、過失割合を決定する際に考慮すべき要素が高速道路以外の道路と根本的に異なっています。

　もちろん、高速道路でも安全な運転が要求されています。しかし、もともと高速道路は車が速いスピードで移動することを目的として設置されています。そのために、道路交通法などによって通常の道路を走行する車に課されている義務とは異なる義務が運転者に課されています。

　高速道路での事故については、この義務を前提にして基本的過失割合が決められています。具体的には、以下の各義務が課されています。

① 最低限のスピードを維持して走行することが義務とされています。

② 一方方向への高速走行を円滑にするために、道路を横断したり、Uターンやバックをすることは禁止されています。

③ 本線車道を走行している車があるときは、その円滑な高速走行を妨げないために、本線車道に進入しようとしている車は、本線車道を走行している車を優先させなければなりません。

④ 本線車道に進入するときは、加速車線を利用して十分に加速してから進入する義務があります。また、本線車道から出るときは、減速車線を利用して安全な速度まで減速する義務があります。

⑤ 高速道路では原則として信号もなく、安全にすべての車が走行できるように、駐停車が禁止されています。

⑥ 高速道路では駐停車が禁止されているので、走行中に車にトラブルが起きて駐停車を余儀なくされないように、事前に整備・点検をしておく義務があります。つまり、燃料（ガソリンなど）、オイル、冷却水の量は十分か、貨物は最大積載量を守って荷崩れの危険性がないか、などを点検しておかなければなりません。

⑦ やむを得ず高速道路上で停車し

**第6章 ケース別 過失相殺と過失割合**

193

たときでも、後方から走行してくる車の追突を予防しなければなりません。そのため、車に停止表示の機材を設置する義務があります。

⑧　本線車道で運転ができなくなったときは、早急に退避しなければなりません。

## 高速道路での修正要素

　高速道路では前述の各種の義務を前提にして基本的過失割合が決められています。重大な事故が生じやすい高速道路では、法に従わない場合の過失割合は、一般道路よりも重く評価されます。

　たとえば、高速道路において本線車道を直進している車（A車）と、進入路から本線車道に進入する車（B車）との衝突という場合には、A車の過失割合は30％、B車の過失割合は70％と扱われます。なお、進入車（B車）は、加速車線で十分に加速しないなど不適切な合流方法をとった場合に、過失割合が10～20％増えます。また、直進車は、急加速をした場合に、過失割合が10～20％増えます。

　しかし、高速道路でも事故現場の状況に応じて修正要素があり、それによって過失割合が増減します。高速道路特有の修正要素としては、進路変更区域での進路変更、他の走行車両の動静に対する著しい不注視、分岐点や出入口付近での事故、追突事故での視界不良などがあります。

　たとえば、追越車線を走行する車の速度は速いので、進路変更には高度な注意義務が要求されています。また、本線車道に駐停車する四輪車に対する追突事故については、駐停車する被追突車がやむを得ない理由なく急ブレーキをかけたり、停止表示器材の設置を怠った場合などに、注意義務違反をした側の過失割合が増加します。

## その他気をつけること

　高速道路に特有の事故というのもあります。たとえば、高速道路に設置されている路肩などでの追突、横転車両による事故、落下した積荷による事故などです。

　高速道路は本来、人が歩行している場所ではないので、通常の道路での歩行者と車の事故のような歩行者保護を目的とした過失割合の修正はありません。ただ、単車（バイク）と車の事故では、単車に対する保護の修正がなされて過失割合が決められています。

# 自転車と四輪車の事故・高速道路上の事故

## ◆交差点における自転車と四輪車の事故

| 事故の基本状況 | 事故の詳しい状況 | 過失割合 |
|---|---|---|
| 信号機のない交差点での事故 | （一方が明らかに広い道路）<br>自転車Ａ広路、四輪車Ｂ狭路 | Ａは10%<br>Ｂは90% |
| | （一方が優先道路）<br>自転車Ａ優先道路、四輪車Ｂ非優先側 | Ａは10%<br>Ｂは90% |
| | （一方に一時停止の標識あり）<br>自転車Ａ規制なし、<br>四輪車Ｂ一時停止規制 | Ａは10%<br>Ｂは90% |
| 信号機のない交差点での事故 | （一方が明らかに広い道路）<br>自転車Ａ狭路、四輪車Ｂ広路 | Ａは30%<br>Ｂは70% |
| | （一方が優先道路）<br>自転車Ａ非優先側、四輪車Ｂ優先道路 | Ａは50%<br>Ｂは50% |
| | （一方に一時停止の標識あり）<br>自転車Ａ一時停止規制、<br>四輪車Ｂ規制なし | Ａは40%<br>Ｂは60% |

## ◆高速道路における同方向直進車同士の事故

| 事故の基本状況 | 事故の詳しい状況 | 過失割合 |
|---|---|---|
| 直進車Ａと加速車線からの進入車Ｂの事故 | ＡＢ共に四輪車の場合 | Ａは30%<br>Ｂは70% |
| | Ａが単車、Ｂが四輪車の場合 | Ａは20%<br>Ｂは80% |
| | Ａが四輪車、Ｂが単車の場合 | Ａは40%<br>Ｂは60% |
| 高速道路上の車線変更を伴う割込み事故 | ＡＢ共に四輪車の場合 | Ａは20%<br>Ｂは80% |
| | Ａが単車、Ｂが四輪車の場合 | Ａは10%<br>Ｂは90% |
| | Ａが四輪車、Ｂが単車の場合 | Ａは30%<br>Ｂは70% |

第6章　ケース別　過失相殺と過失割合

**相談50** 高速道路で停車中にバイクに衝突された場合

**Case** 長距離トレーラーの運転手をしています。先日、高速道路を走行中に所要を思い出し、携帯電話をかけるために路側帯にトレーラーを停車させていました。ところが、後方からバイクに乗った大学生が路側帯を走行してきて、私のトレーラーの後部に衝突してしまいました。大学生は前方を走る車両を追い越そうとして路側帯に入ったところでスピードを上げすぎて、避け切れずに衝突したようです。この場合、過失割合はどのようになるのでしょうか。

**回答** 前提として、四輪車が過失なく本線車道上に駐停車していたところ、退避可能であったにもかかわらず自動二輪車から衝突を受けた場合、退避等を怠った点で四輪車にも過失が認められるため、バイク（相手）対四輪車（あなた）の過失割合は70対30になっています。

しかし、高速道路では原則として、駐停車が禁止されています。あなたがトレーラーを停車させていたのは、路側帯ですが、路側帯といえども駐停車禁止に変わりはありません。まれに駐停車している車両を見かけますが、それは、車両故障、運転手の急病・眠気ざましといった緊急の場合であって、道路交通法もこのような場合に限って駐停車を認めています。あなたの場合、停車の理由は携帯電話をかけるためであり、緊急性は認められず、道路交通法に違反します。そこで、過失割合の算定にあたって不利益に考慮されます。

ただ、相手の大学生は路側帯を走行していたわけですが、路側帯は走行が禁止されています。しかも高速道路における追越し方法としては不適切です。また、停止車両を避け切れなかったという点で、速度違反もあります。類似の事件において、トレーラーに衝突した被害者に85％の過失相殺を認めた判例がありますので、バイク（相手）対四輪車（あなた）の過失割合は85対15程度になることが予想されます。

# 8 自転車vs人の事故と過失相殺について知っておこう

### 自転車事故であっても過失相殺は行われる

### 自転車の特殊性を考慮する

　自転車と人との衝突など自転車が事故を起こした場合、加害者は被害者に損害賠償責任を負いますが、被害者にも落ち度がある場合には過失相殺されて賠償額は減額されます。

　たとえば、自転車は赤信号の場合に所定の停止位置を越えて進行できません。歩行者が青信号で横断歩道を渡る権利を侵害しますし、仮に黄信号になっていても横断歩道を妨げられません。このケースで事故が発生した場合、自転車の過失割合が100％になります。この過失割合は交差点だけでなく、直線道路の横断歩道でもあてはまります。

　もっとも、歩行者用信号が赤信号の場合、歩行者は横断できません。しかし、自転車も赤信号における停止義務を怠っている場合、自転車の過失は非常に大きく判断され、自転車対歩行者の過失割合は75対25となります。この点、自転車が起こす事故は自動車が起こす事故とは異なる特殊性があるので、過失相殺の際も

それを考慮する必要があります。

　つまり、自転車は自動車と異なり身体が露出した状態で運転をしていることから、自転車同士が事故を起こした場合、自動車同士が衝突した場合と異なり、衝突時の衝撃を直接に身体に受けます。そのため、衝突時の衝撃が大きくないとしても、身体に大きな傷害を負う可能性があり、過失相殺の際もこの点を考慮する必要があります。

　また、一般的に、交通事故の被害者が交通法規に反する行動をとっていた場合には、被害者側に落ち度があるとみなされて過失相殺されます。

　しかし、自転車事故に関しては、道路交通法などの規制が必ずしも周知徹底されておらず、自転車の運転者や歩行者が状況に応じて行動しているという実情があります。そのため、自転車事故が起こった場合には、道路交通法などの交通法規を被害者が守っていたかという点以外の要素も考慮して、被害者の過失の有無や程度を判断します。

一般的に、加害者が危険な物を使用して何か事故を起こした場合には、被害者に落ち度があったとしても加害者の責任を大きく減らすべきではないと考えられています。危険な物を使用している以上は、それ相応の注意を払うべきだからです。

　自動車対歩行者で事故が起こった場合は、明らかに自動車の方が歩行者よりも危険な存在なので、この考え方を用いることができます。しかし、自転車は自動車と比べれば危険性が低い乗り物です。自転車が走行する速度も歩行者とほどんど変わらない場合もあります。そのため、自動車が事故を起こした場合と比較すると、被害者の落ち度がより考慮されて損害賠償額が減少する可能性が高いといえます。

## どのような不注意が過失となるのか

　どのような事情が被害者側の過失として考慮されるのかについては、まず、歩行者が、自転車との衝突を回避するために必要な周囲の安全確認を怠っていた場合には、被害者である歩行者にも落ち度があることになります。

　また、歩行者が、自転車から見通すことができないような場所から飛び出してしまい、その結果事故を起こしてしまった場合にも、歩行者に落ち度があることになります。

　さらに、歩行者と自転車がすれ違おうとする際に、歩行者の側が自転車との間隔を空けるような配慮をせずに事故が起こった場合にも、歩行者に過失があるといえます。

　このように、自転車事故の被害者の過失にはさまざまな種類のものがあります。

　実際の裁判例では、歩行者と自転車とが路側帯で正面衝突したケースで、歩行者は前方から来る自転車に注意をして、自転車を回避する行動をとる必要があったことを理由に、過失相殺を認めたものがあります。

　一方、バスから路側帯に降車した歩行者に対して、路側帯を走行していた自転車が衝突した事故では、歩行者に過失がなかったと判断されて、過失相殺が行われなかったものがあります。

　結局、被害者（歩行者）に過失があるかどうかは、事案に応じて判断されるということができます。

# 第7章

## 自転車の交通ルールと
## 賠償・保険制度のしくみ

# 1 自転車事故とはどのような ものか

## 自転車に対しては自賠法の適用がない

### 自転車事故の状況

近年は自転車の運転者が起こす事故も問題となっています。運動不足の解消やエコのために自転車を利用する人が増え、またスマートフォンなどを利用したり、音楽を聴きながら自転車に乗るなどの危険な乗り方をするケースもあります。

警察庁の統計「平成29年中の交通事故の発生状況」によると、自転車乗車中の交通事故は約9万件発生しており、内訳としては自動車との事故が最も多く発生していますが、対二輪車の事故、自転車相互間の事故、歩行者との事故も比較的多く発生しています。

特に歩行者との事故では、自転車が加害者になるケースが多いことに注意すべきです。道路交通法上は自転車も原則として自動車と同じ規制を受けるからです。たとえば、歩道と車道が区別されている道路では、自転車は自動車と同様に車道の左側を通行する必要があります。

しかし、車道を通行するのが危険な場合は自転車による歩道通行が認められているなど、自動車と異なる取扱いがなされることもあります。

つまり、自転車は、原則としては自動車と同じ規制を受けますが、完全に自動車と同じ規制を受けているわけではありません。そのため、自転車は歩道を走行する乗り物であるというイメージをもっている人も多く、一般的な感覚と道路交通法上のルールとがかけ離れており、しかも多くの人がそのことを十分認識していないという状況が生まれているのです。自転車が関係する事故が発生しても、加害者は「謝罪で済む」という軽い気持ちでいることも少なくありません。

また、自転車には自動車とは違う物理的な特徴があります。自転車は自動車に比べて低速ですが、走行時に不安定な状態になりやすい乗り物です。運転も自動車と比べて格段に簡単です。さらに、自転車は自動車損害賠償保障保険（自賠責保険）の対象外という点も見逃せません。自

転車の加害者に経済力がないと、被害者に十分な賠償金が支払われないという問題が生じます。そこで、自転車の所有者に損害保険への加入を義務付ける自治体が少しずつ出てきています（名古屋市など）。

## 自動車の場合とは異なる

　自転車が事故を起こした場合と自動車が事故を起こした場合の違いは、被害者に対する損害賠償の確実性にあります。自転車には自動車損害賠償保障法が適用されない（自賠責保険の対象外である）からです。

　また、自転車は免許を受けなくても運転が許可されており、小中学生でも普通に運転ができます。しかし、小中学生が自転車事故を起こしたとしても、その小中学生自身に経済力はありません。この場合、被害者は小中学生の保護者などに損害賠償請求をすることになります。自動車の

場合は、原則的には免許を持っている者が加害者になるので、この点も自転車と自動車の違いといえます。

## 自転車事故に備える保険制度

　自動車を運転する場合には、自賠責保険への加入が義務付けられています。そのため、自動車事故が起こった場合、被害者は自賠責保険から保険金を受け取ることができます。しかし、自転車の運転については、原則として保険への加入が義務付けられていないため（自治体単位で義務化されている場合はあります）、加害者が被害者に対し損害賠償を十分に行えない可能性があります。そこで、自転車事故について自転車総合保険などで備える方法が考えられます（210ページ）。

・自転車総合保険

　自転車総合保険は、自転車事故を起こしてしまい損害賠償責任を負っ

---

### 自動車と比較した場合の自転車事故の主な特徴

**特　徴**

- 走行時に不安定な状況に陥りやすい
- 道路交通法上「車両」だが、「軽車両」であるため、完全に自動車と同じ規制を受けるわけではない
- 子ども1人で乗ることができる
- 強制保険（自賠責保険）の適用がない

た際に保険金が支払われる賠償責任保険と、自転車事故により傷害を負った際に保険金が支払われる傷害保険を組み合わせた保険です。

自転車総合保険の特徴は、故意に相手に損害を与えた場合や、犯罪行為によって自らが負傷した場合には保険金が支払われないといった点が挙げられます。

・賠償責任保険

賠償責任保険は、偶然に起きた事故で他人にケガを負わせた場合や、他人の物を壊して損害賠償責任を負うことになった場合に、被害者に支払う損害賠償金をまかなうための保険です。賠償責任保険のうち、個人向けの商品を個人賠償責任保険といいます。多くの自転車事故は「偶然に起きた事故」です。そのため、個人賠償責任保険によって自転車事故に備えることができます。

・傷害保険

傷害保険は、事故によるケガを補償するための保険です。傷害保険においては、急激（原因となった事故から結果としてのケガまでの過程に時間的な間隔がないこと）、偶然（保険加入者にとって予知できないこと）、外来（ケガの原因が身体の外からの作用によること）といった3つの条件を満たす事故によって、通院や入院をすることになった場合に保険金が支払われます。

通常、自転車事故で負傷した場合は、この「急激」「偶然」「外来」の3つの条件を満たしています。そのため、自転車事故に対して傷害保険で備えることができます。

### 自転車事故と保険

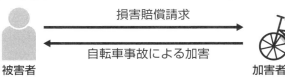

# 2 自転車の交通ルールについて知っておこう

**自動車のルールも適用され、路側帯の逆走が禁止される**

## 車道通行の原則

道路交通法上、自転車は「軽車両」の一種として扱われています。

自転車は、歩道と車道が区別されている道路では、原則として車道を通行する必要があります。この事実が十分に認識されておらず、そのことが影響して、自転車の運転者による交通信号や標識の無視が問題視されています。原則として車道を通行する必要がある自転車の運転中においては、自動車の運転者が従うのと同様に交通信号や標識に従う義務を負うからです。ただし、建物への出入りまたは停車をしようとする際には、自転車は歩道を通行することができます。また、自転車道があるときには、自転車はその自転車道を走行することが義務付けられています。

自転車が車道を走る際には、車道の左側を通行する必要があります。ただし、道路が壊れており左側部分の通行ができない場合などは、道路の右側を通行することが許されています。また、自転車が歩道を走る際には、道路のどちら側の歩道であっても通行することができます。

さらに、複数の車線がある場合には、自転車は一番左のレーンを通行し、右折しようとする自転車は左折しようとする車両を優先させる必要があります（左方優先の原則）。そして、横断歩道が設けられていない場所で歩行者が横断しようとしている際には、自転車はその歩行者を優先させなければなりません。

## 路側帯の逆走の禁止

自転車は、原則として車道を通行することが義務付けられていますが、路側帯や歩道を通行することが許される場合もあります。

路側帯は、歩行者の進行を著しく妨げることにならない限り、自転車も通行することができます。これまで自転車等の軽車両は、道路のどちら側の路側帯でも走行することができました。しかし、平成25年12月の道路交通法改正の施行で、自転車等の軽車両が通行できる路側帯は道路

203

左側に限定されました。つまり、路側帯を通行する場合、いわゆる「逆走」が認められなくなったわけです。

しかし、自転車が軽車両であるとの意識が薄いこととあわせて、路側帯の右側の通行が禁止されていることを認識している自転車の運転者は、現在でも多くありません。自転車の運転者は路側帯の左側のみを通行できるという規制の啓蒙活動は、主に警察官等の行政の役割であると考えられ、今後その役割を果たすことを大いに求めていくべきでしょう。

特に路側帯を逆走する自転車の運転者は、その方が対向車両である自動車を目視しやすく、安全性を考慮しているつもりであることも少なくありません。そこで、正しい知識が広がるまでの間の危険回避については、道路交通に関係する自転車の運転者はもちろん、自動車の運転者や、さらには歩行者などが、自転車運転者が路側帯の左側を通行するよう、積極的に働きかけることなどが考えられます。

なお、どのような場合が「歩行者の進行を著しく妨げる」ことになり、路側帯の通行が禁止されるのかは、自転車の大きさや自転車に積んでいる荷物などを考慮して判断します。

## 自転車で歩道を通行することが許される場合

幼い子供など自転車で車道を通行することが危険な者は、歩道で自転車に乗ることができます。

また、自動車の交通量が非常に多いのに対して道幅が狭いため、自転車で車道を走ると自動車と接触してしまう危険がある場合も、歩道で自転車を運転することが許されます。

歩道を自転車で走る場合には、歩道上の車道寄りの部分を徐行して運転する必要があります。

## 自転車の運転者に課せられているさまざまな義務

酒酔いの状態で自転車を運転することは禁止されています。また、過労や病気などで正常な運転ができないおそれがあるときに、自転車を運転することも禁じられています。

そして、運転者は、自転車の運転によって他人に危害を及ぼすことがないよう、常に周囲の安全に配慮することが必要です。たとえば、両手をハンドルから離しての運転、蛇行運転、路面が凍結している際の急なハンドル操作などは、安全に配慮した行為とはいえないので避けなければなりません。また、ぬかるみを走

る際には、水が飛んで周囲の人間に迷惑がかからないようにすることが義務付けられていますし、自転車に積んでいた荷物が道路に飛び散ってしまった場合には、直ちに落ちたものを回収しなければなりません。

駐停車の位置についても道路交通法上の規制があり、たとえば、道路のまがり角や横断歩道から5ｍ以内の道路部分に自転車を駐車することは禁止されています。

自転車を運転する者が事故を起こした場合には、自転車の運転手は、ケガをした者（歩行者など）を救護し、他の自転車や自動車を巻き込むなど事態を悪化させないよう、必要な措置を講じなければなりません。

また、事故を起こした自転車の運転手は、警察に対して事故が起こった時間と場所、負傷者数などを報告する義務が課せられています。

## 悪質自転車運転者の交通違反に対する取り締まり

平成27年6月1日施行の道路交通法改正により、自転車による交通違反の取り締まりが、より厳しいものになりました。具体的には、自転車の運転による交通の危険を防止するために「自転車運転者講習制度」が導入されました。

この制度は、一定の危険行為で3年以内に2回以上摘発された自転車運転者（悪質自転車運転者）に対し、都道府県公安委員会が講習（自転車運転者講習）の受講を命じるもので

### 自転車通行のルール

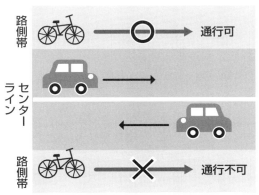

・自転車は原則として車道の左端を通行する
・路側帯がある道路では左側の路側帯を通行できる（逆走不可、左図参照）
・一定の事情がある場合には自転車の歩道通行も認められる

す。14歳以上の者であれば、この制度の対象になります。講習は全国の警察本部や運転免許センターなどで行われ、講習時間は3時間です。受講の際は、講習手数料として5700円がかかります。

悪質自転車運転者は、公安委員会の受講命令を受けてから3か月以内の指定された期間内に、講習を受ける必要があります。しかし、受講命令に従わず、期間内に講習を受講しなかった場合は、5万円以下の罰金を支払うことになります。

自転車による危険行為とされているのは、①信号無視、②通行禁止違反、③歩行者用道路における徐行違反、④通行区分違反、⑤路側帯通行時の歩行者の妨害、⑥遮断踏切立入り、⑦交差点安全進行義務違反等、⑧交差点優先車妨害等、⑨環状交差点での安全進行義務違反等、⑩指定場所一時不停止等、⑪歩道通行時の通行方法違反、⑫ブレーキ不良自転車運転、⑬酒酔い運転、⑭安全運転義務違反（携帯電話やイヤホンを使用しながらの運転、傘差し運転など）の14類型です。

なお、警察官には、ブレーキを備えていない自転車の通行を発見した場合には、停車させて検査することが認められています。そして、危険を防止するために必要な応急措置を命じたり、その自転車を運転しないよう命じることができます。この命令に違反した場合には、罰則も適用されます。

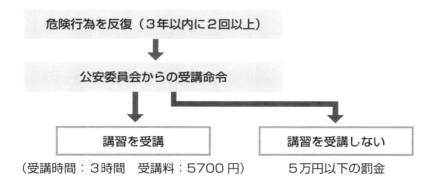

**自転車運転者講習の流れ**

**相談51** 自転車事故によるケガの損害賠償請求をしたい

**Case** 私は、路地を歩いていたところ、後から追い抜こうとしてきた自転車に追突され、転倒しました。そのときに肋骨を折る大ケガをしました。退院後、相手方に損害賠償を請求したところ、曲り角で私が自転車の進行方向に寄ったことが原因の事故で、自分に非はないと反発してきました。仮に私に過失があったとしても、過失の多くは相手方にあると私は思っているのですが、どうなのでしょうか。

**回答** 自動車による人身事故の場合、自動車損害賠償保障法（自賠法）により、加害者側に重い立証責任が課せられています。しかし、自転車による事故のような一般の不法行為（民法709条）の場合は、被害者が加害者の過失を証明しなければ、損害賠償請求は認められません（自転車事故には自賠法が適用されません）。しかし、加害者に過失があったことを証明するのはなかなか難しいのも現実です。

たとえば、歩行者が後から追い抜こうとしてきた自動車もしくは自転車に追突されて転倒し、ケガをした場合を考えてみましょう。相手が自動車であれば、歩行者にケガをさせた時点で自動車が加害者、ケガをした歩行者が被害者という扱いになるのが一般的です。歩行者が路地でふらついて自動車側に寄ったとしても、それを証明できる証拠を自動車側が示すことができなければ、歩行者の過失分は認められず、必要な損害賠償額を受けとることができます。

一方、相手が自転車の場合、事故の状況にもよりますが、歩行者が自転車側の全面的な過失を証明できない限り、自転車側の不法行為責任が認められるとしても、損害賠償額から歩行者の過失分を減額されることもあります。

ところで、道路交通法では、自転車は軽車両に該当しますので、自転車を走行させるには、道路交通法に定められた交通方法で走行しなければなりません。したがって、まずは自転車が道路交通法に違反していなかったかどうかを判断してみることが大切です。

**相談52** 子どもの自転車事故で親の責任が問われるのか

**Case** 先日、歩道を歩いていたところ、後ろから自転車に追突されてケガをしてしまいました。自転車を運転していたのは小学生で、かなりのスピードを出していたにもかかわらず、よそ見をして前を向いていなかったようです。私は、小学生の親に損害賠償請求ができますか。

**回答** 事故を起こした子どもに責任能力（自分のしたことが悪いことだとわかる能力）があるかどうかによって、この子ども自身に対して損害賠償請求ができるかどうかが変わってきます。しかし、子どもの責任能力の有無にかかわらず、実際に損害賠償金の支払いを行うのは親（親権者）ということになりますので、ここでは子どもの親に対する請求が認められるかについてのみ説明します。

結論からいえば、親が子どもに対する監督を適切に行っていなかったのであれば、親に対する損害賠償請求は可能です。子どもに責任能力がなければ民法714条（監督義務者の責任）に基づき、子どもに責任能力があれば民法709条（一般の不法行為責任）に基づき、それぞれ親に対して損害賠償請求をすることになります。

ただし、親への損害賠償請求が認められるためには、親が子どもの監督を怠り、その結果として自転車事故が起こったことが必要です（因果関係）。たとえば、親が子どもに対し交通ルールや自転車の操作方法を十分に指導し、自転車の運転時に同行するなど、子どもに対する適切な監督を怠っていなかったにもかかわらず、自転車事故の発生を防止できなかったという事情がある場合には、損害賠償請求は認められません。

なお、民法714条が監督義務者として想定するのは、親などの監督義務の範囲が生活全般の場面に及ぶ場合（法定監督義務者）と、学校の先生などの特定の時間帯・場所の範囲内で監督義務を行う場合（代理監督者）です。両者は監督義務の範囲が異なると考えられており、親などの法定監督義務者の場合は、免責が認められることが極めてまれであるといえます。

**相談53** 従業員の自転車事故で会社の責任が問われるのか

**Case** 先日、道を歩いていたところ、自転車に乗っていた青年と衝突してケガをしてしまいました。その青年は、近くにある会社に勤めているらしいのですが、その会社に対して自転車事故についての損害賠償請求をすることは可能でしょうか。

**回答** 事故を起こした従業員（被用者）が勤務している会社にも損害賠償請求をすることができる場合があります。この勤務先である会社の責任を使用者責任といいます（民法715条）。使用者責任に基づき、会社に対して損害賠償請求をする場合、原則として事故が従業員の勤務中に起きていること、つまり「事業の執行」について行われたことであることが必要です。

たとえば、会社とは関係なく従業員がプライベートな時間（勤務時間外）に起こした事故であれば、原則として会社に対する損害賠償請求は認められません。もっとも、使用者責任が認められるのは、必ずしも従業員の行為が使用者の事業と直結している場合に限定されず、行為の外形から「事業の執行」について行われたものであると解釈できる場合に、使用者責任が認められています。

本ケースのように、道を歩いていたところに、近くにある会社に勤めている青年と衝突してケガをしてしまった場合、この青年が会社の営業に関わる得意先回りで自転車を運転していたのであれば、まさに「事業の執行」について行われているため、会社に対する損害賠償請求が認められます（青年本人に対する損害賠償請求も可能です）。しかし、休日などで買い物に出かける用事だったのであれば、会社の「事業の執行」について行われたとはいえないため、青年本人にしか損害賠償請求ができなくなります。

なお、加害者の会社に対して使用者責任に基づく損害賠償請求が可能な場合には、直接の加害者である従業員に対しても一般の不法行為に基づく損害賠償請求ができます。会社と従業員のどちらか一方に請求することもできますし、両方同時に請求することもできます。

## 3 自転車事故に備える保険制度について知っておこう

### 自転車のための総合保険もある

### 強制保険の適用はない

自動車を運転する場合は、自動車損害賠償責任保険（自賠責保険）への加入が義務付けられています。そのため、自動車事故が起こった場合には、被害者は自賠責保険から確実に保険金を受け取ることができます。

しかし、自転車の運転については、保険への加入が全国的に義務付けられていないため、加害者に経済力がないと、被害者は十分な損害賠償を受けられない可能性があります。つまり、自転車に衝突されてケガを負った被害者は、ケガをしたことでさえ大きな負担であるのに、請求する賠償額が多額になると、かえって加害者の経済力を超え、必要な賠償金を受領できないというリスクを抱えることになりかねません。

自転車の事故というと、ちょっとした衝突により、他人に擦り傷を負わせてしまった場合や、他人の所持品を壊した場合など、他人の生命・身体に直接関わらないような軽微な事故をイメージする人が多いと思います。しかし、自転車と衝突した人が死亡する事故は現実に発生しており、高額の賠償金支払を命じられるケースも出ています。そのため、自転車事故に関する保険制度は非常に重要な問題といえます。

なお、自転車の運転につき保険加入を義務付ける自治体が増えていますので、お住まいの自治体の状況を確認しておくとよいでしょう。

### 自転車総合保険で備える

自転車総合保険は、自転車事故を起こして損害賠償責任を負った際に保険金が支払われる賠償責任保険と、自転車事故で傷害を負った際に保険金が支払われる傷害保険を組み合わせた保険です。賠償責任保険と傷害保険の詳細は後述します。

自転車総合保険の特徴として、故意に相手に損害を与えた場合、または犯罪行為で自ら負傷した場合は、保険金が支払われない点などが挙げられます。

## 個人賠償責任保険で備える

賠償責任保険は、偶然の事故で他人にケガを負わせたり、他人の物品を壊して損害賠償責任を負うことになった場合に、被害者に支払う損害賠償金をまかなうための保険です。賠償責任保険のうち個人向けの商品が個人賠償責任保険です。

個人賠償責任保険が適用されるのは、他人に損害を与えた「偶然に起きた事故」（過失による事故を含みます）の結果、生じた損害賠償についてです。よって、故意に他人を傷つけたり、故意に物品を壊したりした場合や、他人への名誉毀損による損害賠償の支払いなどは対象外です。

通常、自転車事故は「偶然に起きた事故」であるため、個人賠償責任保険によって自転車事故に備えることができます。

## 傷害保険で備える

傷害保険は、加入者の事故による傷害（ケガ）を補償する保険です。傷害保険により支払われる保険金には、①死亡した場合の死亡保険金、②入院した場合の入院保険金、③後遺症が残ってしまった場合の後遺障害保険金、④通院が必要になった場合の通院保険金などがあります。

傷害保険は「急激」「偶然」「外来」という3つの条件を満たす事故によって、通院や入院をすることになった場合に保険金が支払われます。

1つ目の条件の「急激」とは、「原因となった事故」から「結果としてのケガ」までの過程に時間的な間隔がないということです。いわば「突発的な事故」です。

2つ目の条件の「偶然」とは、保険加入者にとって「予知できないこと」を指し、過失を含みます。「事故原因が偶然である」「結果の発生が偶然である」「原因・結果とも偶然である」のいずれかに該当する事故のことです。たとえば、自転車の運転中に石に車輪をとられて転倒し、足を捻挫した場合や、自転車の運転中に植木鉢が落下してきて、頭に当たってケガをした場合が当てはまります。

3つ目の条件の「外来」とは、ケガの原因が身体の外からの作用によることをいいます。たとえば、料理中に誤って熱湯をこぼして火傷をした場合があてはまります。

通常、自転車事故は「急激」「偶然」「外来」の3つの条件を満たしているため、自転車事故に対して傷害保険で備えることができます。

211

## 相談54 TSマークとはどのような制度なのか

**Case** 先日、自転車を購入したのですが、その際にTSマークと呼ばれるシールを自転車に貼ってもらいました。このTSマークというのはどのような意味をもったマークなのでしょうか。

**回答** TSマークとは、自転車安全整備制度に基づいて取り扱われるもので、道路交通法令に定められた大きさや性能などの基準に適合した自転車であることを示すマークです。TSマークを取り扱うことができるのは、（公財）日本交通管理技術協会に登録申請をして審査を受け、合格した自転車店です。TSマークは、自転車店に勤務する自転車安全整備士が、自転車の安全性を確認した上で貼付します。TSマークの有効期間は1年間ですので、TSマークの有効性を維持するためには、1年ごとに自転車安全整備士の点検を受けることが必要です。TSマークには、青色マーク（第1種）と赤色マーク（第2種）の2種類があり、それぞれ賠償内容が異なっていることに注意が必要です。

TSマークには、各マークに付帯した保険があります。具体的には、①自転車の運転者が負傷した場合に支給される傷害補償、②自転車事故を起こして他人に死亡または重度後遺障害を生じさせた場合に支給される賠償責任補償があります。

傷害補償では、TSマーク付帯の自転車の運転者が死亡または重度後遺障害となった場合に、青色マークでは30万円、赤色マークでは100万円が一律支給されます。また、自転車の運転者が入院（15日以上）した場合も、青色マークでは1万円、赤色マークでは10万円が一律支給されます。

これに対し、賠償責任補償は、TSマーク付帯の自転車事故で他人に死亡または重度後遺障害が生じた場合に、青色マークでは1000万円、赤色マークでは1億円を上限として（一律ではありません）、損害賠償責任を負った運転者に支給されます。なお、赤色マークのみ、TSマーク付帯の自転車事故で他人に傷害を生じさせた場合、被害見舞金（一律10万円）が損害賠償責任を負った運転者に支給されます。

# 第8章

# 事故を起こした場合の
# 刑事・行政責任の取り方

# 1 交通事故の責任について知っておこう

## 人身事故では自賠法が民法に優先して適用される

### どんな法律が関係してくるか

交通事故をめぐる法律は、民事と刑事（または行政）の２つに大きくわかれます。民事に関する法律は、事故の当事者間の問題を解決するためのものです。民法と自賠法（自動車損害賠償保障法）が民事の法律です。一方、刑事（または行政）に関する法律は、国が加害者に対して加える刑罰または制裁について定めています。刑法や道路交通法などが刑事（行政）に関する法律です。

### 事故を起こしたときの責任とは

交通事故は、大きく人身事故と物損事故に分けることができます。人身事故とは、他人の身体に危害が及ぶ事故です。人身事故には、死亡事故と傷害事故があります。これに対して物損事故とは、自動車同士の破損のように、物に危害が及ぶ事故のことをいいます。ひとつの事故で人身事故と物損事故の両方が問題になる場合もあります。

また、事故発生時に加害者が負う責任は大きく３つに分類が可能で、具体的には、行政処分、刑事責任、損害賠償責任（民事責任）の３つの責任が発生する可能性があります。

まず、被害者に対して損害賠償責任を負うとするのが民事責任です。次に、被害者が死亡や傷害を負った事故については、民事責任だけではなく、刑事責任が問われ、加害者は刑法や道路交通法などに規定された懲役・禁錮・罰金といった刑罰を科されるおそれがあります。さらに、刑事責任とは別に、行政上の責任として、道路交通法による反則金の支払義務、免許の停止・取消などの処分を受ける場合があります。

### 民事上の責任

交通事故が起きた場合、加害者がもっとも気にしなければならないのは、当然ながら、被害者に対する損害賠償責任（民事責任）をいかに果たすのかということです。

被害者は交通事故で傷害等の損害を受ける危険がありますが、受けた

214

損害を補填するための拠り所になるのが、加害者が負担する損害賠償請求義務と保険制度といえます。これらについて定める法律が、民法（不法行為）と自賠法（自動車損害賠償保障法）ですので、被害者はこれらの規定に注意する必要があります。

このうち自賠法は、自動車の所有者であれば必ず加入しなければならない自賠責保険について定めた法律であることから、特に重要です。

いずれの法律も、発生した損害を金銭で賠償して、被害者を保護しようという趣旨に基づいている点では共通しています。

人身事故・物損事故に共通して適用されるのが、民法上の不法行為に関する規定です。交通事故の人身事故・物損事故ともに、民法上の不法行為に該当する可能性が高いといえますので、民法によって、すべての交通事故の解決を図ることが可能なようにも思われます。ただし、人身事故の場合、自賠法がまず適用されて、自賠法に規定がない事項が問題となった場合や、自賠法の適用がない事故の場合にはじめて、民法が適用されます。被害者としては、この規定の適用順序には十分注意する必要があります。

これに対して、物損事故の場合には、そもそも自賠法の適用がないという点を明確に認識しておくべきでしょう。物損事故については、上述の通り、民法の不法行為の規定によって解決を図ります。

## 刑事上の責任と行政上の責任

交通事故に対しては、刑事責任を問われたり、行政処分を受けたりすることもあります。

道路交通法は、重大で悪質な交通犯罪に対して、罰金・禁錮・懲役といった刑罰を定めています。

また、「自動車の運転により人を死傷させる行為等の処罰に関する法律」は、交通事故を起こした当時の状況に応じて、厳しい刑罰を設けています。たとえば、自動車の運転手が運転時に「アルコール・薬物や運転に支障を及ぼす病気の影響により、正常な運転に支障が生じるおそれがある状態」で、人を負傷させた場合は12年以下の懲役、死亡させた場合は15年以下の懲役に処せられます。

## 実際に交通事故に出会った場合

交通事故が起きた場合に当事者がすべきことは、負傷者を救護するとともに、他の車両を事故に巻き込ま

第8章　事故を起こした場合の刑事・行政責任の取り方

215

ないように必要な誘導等を行うなど、二次災害防止のための処置を迅速に行うことが大切であることはいうまでもありません。これらの義務は加害者・被害者に関係なく、交通事故の当事者双方が負っている道路交通法上の義務である点は、十分に留意しておく必要があるでしょう。

そして、忘れてはならないのは、警察署への事故報告です。この義務についても、加害者だけではなく、被害者も負担する義務であるという点が、非常に大きな意味をもちます。

なぜなら、被害者は、後に加害者に対して、事故により生じた損害賠償請求等を行っていきますが、この際、損害のてん補に対する重要な拠り所といえる保険金の支払いは、事故の報告義務が果たされていることが前提になっているからです。

事故の程度が軽いからと、この報告義務を怠る被害者も少なくないため、後の責任追及のための必要不可欠な前提であるという意識をもつことが非常に重要です。事故の報告を警察署に行い、警察から「交通事故証明書」を発行してもらうことが、保険金の支払いが行われるための要件にもなっているからです。

また、具体的に加害者の損害賠償

責任を考えるにあたって、その際に支払われる保険金の性質の違いも、十分理解しておく必要があります。

自動車保険には、強制保険と任意保険があります。強制保険は加入が法律で義務付けられている保険であり、一般に「自賠責保険」と呼ばれる保険です。一方、任意保険は法律上加入が義務付けられていないものの、多くの運転者が加入している任意の保険のことをいいます。被害者にとっては、物損事故の場合は自賠責保険の対象外になるなど、強制保険では最低限の補償しか行われないのに対し、任意保険の賠償範囲は広く、物損事故をはじめ、賠償される金額も高額に設定されていることが一般的です。これは加害者にとっても重要な意味をもちます。強制保険ではてん補されない交通事故のリスクを任意保険ではカバーしてくれるため、交通事故という誰にでも起こり得るリスクを、強制保険以上に分散してくれる意味合いをもつからです。

なお、どちらの保険についても、保険金の請求に際しては、前述のように「交通事故証明書」と「事故発生状況報告書」が必要になることは、くれぐも忘れてはなりません。

# 2 交通犯罪についての刑事手続きを知っておこう

**軽微な事故は簡易な手続きで処理される**

## 交通反則通告制度とは

駐車違反や信号無視など、道路交通法に反する軽微な交通違反については、交通反則通告制度という行政処分で処理されます。刑事処分は原則として科されません。

**交通反則通告制度**というのは、警察官が違反者に交通違反があったことを告知して、反則金の支払いを命じるものです。すぐに反則金を納付した者は刑事訴追を免れます。

日々大量に発生する交通違反をその都度、刑事裁判にかけていたのではとても処理しきれませんし、違反者すべてに刑罰（罰金）を科すことにすると、大勢の国民が「前科者」になってしまいます。そこで、簡易な手続きで、反則金という刑罰とは異なるペナルティを違反者に科そうと交通反則通告制度ができたのです。

反則金は、警察本部長の通告に基づいて反則者が任意に納付する行政上の制裁金とされており、「前科」として残ることはありません。

反則金の「告知」を受け取ってか

ら7日以内に反則金を納付せず、次に「通告」という書面を受け取ってから10日以内にも反則金を納付しない場合は、刑事裁判の手続きに入ることになります。

## 略式手続きとはどんな手続きなのか

**略式手続き**とは、公開の法定で裁判をするのではなく、書面だけで刑を言い渡す簡易な刑事裁判手続きのことです。略式手続きによって行われる裁判のことを略式命令といいます。100万円以下の罰金または科料の刑罰を言い渡す場合に、簡易裁判所で行われる手続きです。

略式手続きは、大量に発生する交通犯罪などを簡易・迅速に処理するために設けられた制度です。

略式手続きは、被疑者の同意がなければその手続きによって処理することはできません。

また、被告人が略式命令に不服があれば、通常の裁判で争う途も開かれています。

第8章 事故を起こした場合の刑事・行政責任の取り方

217

## 懲役・禁錮にあたる犯罪は地方裁判所に起訴される

　交通事故などの交通犯罪を起こした場合に科せられる刑罰としては、金銭を支払う罰金や科料の他、懲役または禁錮があります。そして、懲役または禁錮にあたる事件は、地方裁判所に起訴されます。

　しかし、交通事故のうち運転過失致死傷罪の被疑者（加害者）が起訴される割合は、検挙者数に対してわずか10％程度といわれています。なぜ、ここまで起訴される割合が少ないのでしょうか。

　1つの理由としては、軽微な交通事故についてまで加害者を「犯罪者」あるいは「前科者」としてしまうことは、加害者の更生にとってかえってよくないことが挙げられます。また、保険制度の普及など被害者の救済方法が充実してきたことで、加害者に刑罰を科さなくても被害者感情がおさまるというケースも多くあります。

　さらに、軽微な交通事故よりも、危険運転致死傷、殺人、強盗、放火などの重大犯罪を優先的に処理し、裁判制度を効率的に運用する必要もあります。

　これらの理由から、交通事故の加害者に対する起訴率が低くなっていると考えられます。

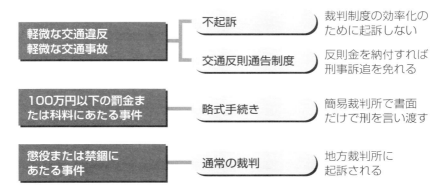

交通犯罪についての刑事手続き

**相談55** 過失運転致死傷罪が成立する場合

**Case** 自動車を運転中に、一瞬よそ見をしてしまったために、車道を横断中の歩行者に気付くのが遅れ、はねてしまい重傷を負わせてしまいました。この場合に適用される過失運転致死傷罪とはどのような罰則が定められているのでしょうか。

**回答** 本ケースのように、自動車運転中の過失によって、他人に障害を負わせた場合には「自動車の運転により人を死傷させる行為等の処罰に関する法律」（自動車運転死傷行為処罰法）が適用されます。かつては刑法において、自動車運転過失致傷罪や危険運転致死傷罪が規定されていました。平成25年の刑法改正・自動車運転死傷行為処罰法制定によって、現在はこれらの刑法の規定が自動車運転死傷行為処罰法に移されるとともに、犯罪類型がいくつかに区分されて、刑罰も強化されています。

本ケースの場合、自動車運転死傷行為処罰法が規定する過失運転致死傷罪が適用され、運転手には「7年以下の懲役もしくは禁錮または100万円以下の罰金」が科されます。あなたが無免許運転であったときは、刑罰がさらに重くなって、罰金刑や禁錮刑のない「10年以下の懲役」となります。

一般的な業務上の過失犯に対する処罰規定である、刑法上の業務上過失致死傷罪は「5年以下の懲役もしくは禁錮または100万円以下の罰金」です。つまり、自動車を運転中、過失によって事故を起こし、相手を傷つけたり死なせたりすることは、一般的な業務上の過失よりも責任が重いと規定されているわけです。なお、ここで言う「自動車」には、四輪以上の自動車はもちろん、二輪バイクや原動機付自転車（原付バイク）も含まれます。

では、一般的な過失よりも責任が重い、自動車運転中の過失とはどのようなものでしょうか。基本的には、自動車の発進から停止までの運転上に必要な注意義務を怠れば、自動車運転中の過失があると判断されます（自動車を停止させる動作も運転に含まれます）。

たとえば、本ケースの「よそ見運転」以外にも、運転中に車内で流していた大音量の音楽により気分が高まり、何度も前走車を追い抜く運転などが過失にあたる可能性があります。このような場合、制限速度を超過した状態になっても気づきにくいといえるからです。このときに、直線路であるにもかかわらず、ハンドル操作を誤って歩道に乗り上げて信号待ちをしていた人々に突っ込んで死傷させた場合には、過失運転致死傷罪が成立します。

　もっとも、上記のような事故を起こす可能性が高い運転については、過失運転致死傷罪よりも重い刑罰を定めた危険運転致死傷罪で処罰される可能性もあります。危険運転致死傷罪に該当すると、原則として、被害者が負傷にとどまる場合でも15年以下の懲役、被害者が死亡すると１年以上の有期懲役（有期懲役の上限は20年です、刑法12条）が科されます。

　上記のように、前走車を何度も追い抜いた結果、ハンドル操作を誤って人を死傷させることは、危険運転致死傷罪の類型（次ページ）のうち「進行を制御することが困難な高速度で自動車を走行させる行為」に該当する可能性があります。

## 自動車運転過失致死傷罪から過失運転致死傷罪への移行

### 自動車を運転する際に必要な注意を怠り、人を死傷させた運転者に対する罪

| | 改正前 | | 改正後 |
|---|---|---|---|
| 犯罪の名称 | 自動車運転過失致死傷罪 | ➡ | 過失運転致死傷罪 |
| 規定されている法律・条文 | 刑法211条2項 | ➡ | 自動車運転死傷行為処罰法5条 |
| 刑罰 | 7年以下の懲役あるいは禁錮か、100万円以下の罰金 | ➡ | 7年以下の懲役あるいは禁錮か、100万円以下の罰金（無免許の場合、10年以下の懲役となる） |

## 相談56 危険運転致死傷罪が成立する場合

**Case** 違法な薬物を使用したことにより意識がもうろうとしている状態で自動車を運転し、その結果運転を誤り、歩道を通行している人をひいてしまった場合、危険運転致死傷罪に問われることはあるのでしょうか。

**回答** 自動車運転死傷行為処罰法2条は、危険運転致死傷罪に該当する行為として、以下の類型を列挙しています。

① アルコールまたは薬物の影響により正常な運転が困難な状態で自動車を走行させる行為

② 自動車の進行を制御することが困難な高速度で自動車を走行させる行為

③ 自動車の進行を制御する技能を有しないで自動車を走行させる行為

④ 人または車の通行を妨害する目的で、走行中の自動車の直前に進入し、その他通行中の人または車に著しく接近し、かつ、重大な交通の危険を生じさせる速度で自動車を運転する行為

⑤ 赤色信号またはこれに相当する信号を殊更に無視し、かつ、重大な交通の危険を生じさせる速度で自動車を運転する行為

⑥ 通行禁止道路（道路標識等により自動車の通行が禁止されている道路等であって、通行することにより人や自動車に交通の危険を生じさせる道路等）を進行し、かつ、重大な交通の危険を生じさせる速度で自動車を運転する行為

たとえば、自動車運転中に人を負傷または死亡させた際に、薬物摂取のため自動車を正常に制御できない状態で運転していた場合（①に該当）、制御困難に陥るほどの高速度で運転していた場合（②に該当）、人や他の車に危険な速度で接近したり割り込み行為をしていた場合（④に該当）、危険な速度で赤信号等をわざと無視していた場合（⑤に該当）などに、危険運転致死傷罪が適用されます。

もっとも、かつての刑法に規定されていた危険運転致死傷罪は「自動車

第8章 事故を起こした場合の刑事・行政責任の取り方

221

を正常に制御できない状態」であることが適用要件のひとつでした。たとえば、酒酔い状態や薬物摂取状態で運転を行っても、ある程度正常な状態で運転していたのであれば、危険運転致死傷罪ではなく自動車運転過失致死傷罪が適用されるという問題点がありました。そこで、自動車運転死傷行為処罰法では、このような不都合を見直しています。

　本ケースのように、違法な薬物を使用したことにより意識がもうろうとしている状態で自動車を運転した結果、人身事故を発生させた場合、自動車運転死傷行為処罰法によると、上記①の類型にあたるとすれば、被害者が負傷にとどまる場合は15年以下の懲役、被害者が死亡した場合は１年以上の有期懲役に処せられます。もし①の類型にあたらず、自動車を制御する能力を失っていないときでも、アルコールや薬物などの影響で、その走行中に正常な運転に支障が生じる「おそれがある状態」で自動車を運転し、人を負傷させた場合には、被害者が負傷にとどまれば12年以下の懲役、被害者が死亡すれば15年以下の懲役に処せられます。つまり、現在では正常な運転に支障が生じる「おそれのある状態」であれば、刑罰の重い危険運転致死傷罪が適用されることになっています。

### 危険運転致死傷罪の改正

#### 改正前は①～⑤の５類型

① アルコール・薬物等の影響により正常な運転が困難な運転者による死傷事故
② 進行の制御が困難な高速度で運転した者による死傷事故
③ 進行を制御する技能をもたない未熟な者による死傷事故
④ 人や車の通行を妨害する目的で運転した結果生じた死傷事故
⑤ 信号を無視し、さらに危険な速度で運転した結果生じた死傷事故

⑥ 通行禁止道路を危険な速度で運転した結果生じた死傷事故
⑦ アルコール・薬物・一定の病気の影響で運転に支障が生じるおそれ（可能性）がある状態で運転したことによる死傷事故

➡ 改正で⑥、⑦を追加。処罰対象が拡大されることになる！

## 相談57 てんかんなど意識障害を伴う持病と自動車運転

**Case** てんかんなど意識障害を伴う持病があるのですが、普通に自動車を運転することができるのでしょうか。また、運転中に発生したてんかんの発作が原因で交通事故を引き起こし、多数の人が死傷した場合、どのような責任を負うことになるのでしょうか。

**回答** 道路交通法90条（これに基づく政令の規定）により、以下の①〜⑧までの「一定の病気等」のある者は、道路交通の安全確保のために、運転免許試験に合格しても免許の取得ができない場合があります。

① 自動車等の安全な運転に必要な能力を欠くこととなるおそれがある症状を呈する統合失調症の者

② 意識障害や運動障害をもたらすてんかん症状の者

③ 脳全体の虚血により一過性の意識障害をもたらす病気であって、発作が再発するおそれがある者（再発性の失神）

④ 人為的に血糖を調節することができない無自覚性の低血糖症の者

⑤ 自動車等の安全な運転に必要な能力を欠くこととなるおそれがある症状を呈する躁鬱病の者

⑥ 重度の眠気の症状を呈する睡眠障害の者

⑦ 認知症の者

⑧ その他自動車等の安全な運転に必要な能力を欠くこととなるおそれがある症状を呈する病気の者

⑨ アルコール、麻薬、大麻、あへんまたは覚醒剤の中毒者

そして、いったん免許を取得できた場合についても、その後上記のいずれかに該当すると判断された場合は、免許の更新ができない場合や免許が取り消される場合があります。

これらの規定は、一定の病気等の影響による事故を未然に防ぐために定められています。道路交通法では、公安委員会が、免許保持者や免許を受けようとする者に対し、病気の症状等に関する質問をすることを認めています。免許保持者や免許取得を希望する者は、質問等に対して虚

偽の報告をすると、1年以下の懲役または30万円以下の罰金が科されます。

あわせて、一定の病気等に該当する者を診断した医師による任意の届出制度や、一定の病気等にかかっていると疑われる人の免許を3か月以内の範囲で停止することができる旨の規定もあります。一定の病気等を理由に免許を取り消された場合、取消しから3年以内に免許を再取得すれば、取消日までの免許期間と再取得した免許期間は継続されていたものとみなされる特例基準が設けられています。なお、再取得にあたっては、免許取得時に行われる運転免許試験の一部の免除が認められています。

なお、運転中にてんかんの発作が起こり、そのために交通事故を起こした場合は、どのように扱われるのでしょうか。てんかんの発作は、意図せず起こるものですので、かつての刑法上の危険運転致死傷罪は適用要件が厳しかったこともあり（222ページ）、自動車運転過失致死傷罪が適用されていました。しかし、自動車運転死傷行為処罰法では、運転に支障をおよぼす病気の影響で、正常な運転に支障が生じる「おそれ」がある状態で人を負傷させた場合に12年以下の懲役、死亡させた場合に15年以下の懲役に処すると規定しています。本ケースのようにてんかん発作が起こるおそれ（可能性）を認識した状態で運転し、交通事故を引き起こした場合は、危険運転致傷罪が成立するといえます。

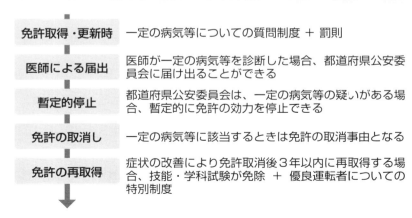

## 相談58　飲酒運転と自動車運転死傷行為処罰法

**Case**　登校中の小学生の列にトラックが衝突して、多数の死傷者が出ました。逮捕された運転手は飲酒により酩酊状態に陥っていて、狭い路地であるにもかかわらず時速100kmで走らせていたトラックを制御することができず、歩道に乗り出してしまったために起きてしまった事故であることがわかりました。飲酒運転や危険な運転の刑罰が厳罰化されたといわれていますが、具体的にはどのような刑罰が科されるのでしょうか。

**回答**　かつての刑法では、交通事故に関する過失致死罪・過失傷害罪の特則として自動車運転過失致死傷罪が規定されていました。さらに、飲酒運転などによって引き起こされる交通事故を想定して、より重い罰則を定めた危険運転致死傷罪も規定されていました。しかし、危険運転致死傷罪の適用要件は厳しく、危険な運転行為であっても、事故発生時に運転手が自動車を制御する能力を完全に失っているような状態でなければ、刑罰の軽い自動車運転過失致死傷罪が適用されるケースが相次ぎました。そこで、現在では自動車運転死傷行為処罰法に基づき、交通事故を起こした当時の状況に応じて刑罰が強化されています。本ケースの場合、飲酒により運転能力を失っていたのであれば、後述①の危険運転致死傷罪にあたります。さらに、飲酒により運転能力を失っていなくても、運転当時に飲酒による正常な運転に支障が生じる「おそれ」が認められれば、後述②の危険運転致死傷罪が適用されます。自動車運転死傷行為処罰法の処罰類型をまとめると以下の通りです。

① **従来の危険運転致死傷（２条）**

従来の危険運転致死傷罪に規定された５類型に加え、通行禁止道路を走行し、かつ重大な交通の危険を生じさせる速度で自動車を運転する行為が定められました（222ページ図）。

② **新設の危険運転致死傷（３条）**

アルコール、薬物、運転に支障を及ぼすおそれがある病気の影響により、

正常な運転に支障が生じるおそれ（可能性）がある状態で自動車を運転した結果、人を負傷させた場合は12年以下の懲役、死亡させた場合は15年以下の懲役に処せられます。従来の危険運転致死傷罪と違い、「おそれ」があるだけでも適用されるのが特徴です。

③　過失運転致死傷アルコール等影響発覚免脱（４条）

　飲酒運転等による死傷事故を起こした者が、その発覚を免れる目的で、現場から逃走したり、アルコールの重ね飲みをした場合、12年以下の懲役に処せられます。いわゆる逃げ得をなくすために新設された類型です。

④　過失運転致死傷（５条）

　従来の自動車運転過失致死傷罪が名称変更されたものです。

⑤　無免許運転による加重（６条）

　無免許運転者が事故を起こした場合、①〜④の懲役刑に３〜５年が加重されることになりました。

## 自動車運転死傷行為処罰法の規定内容と法定刑

| | | |
|---|---|---|
| 危険運転致死傷 | ①アルコール・薬物等の影響で正常な運転が困難、②高速度、③未技能、④通行妨害目的、⑤信号無視、⑥通行禁止道路危険速度運転 | ・**負傷事故**<br>1か月以上15年以下（無免許の場合は6か月以上20年以下）の懲役<br>・**死亡事故**<br>1年以上20年以下の懲役 |
| | ⑦アルコール・薬物・一定の病気等のため正常な運転に支障が生じるおそれのある状態での運転 | ・**負傷事故**<br>1か月以上12年以下（無免許の場合は1か月以上15年以下）の懲役<br>・**死亡事故**<br>1か月以上15年以下（無免許の場合は6か月以上20年以下）の懲役 |
| 過失運転致死傷アルコール等影響発覚免脱 | 発覚を免れる目的での逃走、重ね飲みその他の行為 | 1か月以上12年以下（無免許の場合は1か月以上15年以下）の懲役 |
| 過失運転致死傷 | 運転上必要な注意をしなかったために生じた死傷事故 | ・1か月以上7年以下の懲役もしくは禁錮または100万円以下の罰金<br>・無免許の場合は1か月以上10年以下の懲役 |

※図中①〜⑦として記載した危険運転致死傷の類型については222ページ図を参照

**相談59** 飲酒運転はどのように処罰されるのか

**Case** 先だって、友人の結婚式の帰りに交通検問に止められ、呼気検査を求められました。私は、呼気検査を拒んだのですが、「罰金になりますよ」と警察官に言われ、しぶしぶ、応じました。その結果、飲酒運転と判断されました。結婚式では一杯だけ飲酒をしましたが、私は酒に強いので、全然運転に支障はありませんでした。それでも、たった一杯でも飲酒していると処罰されることになるのでしょうか。また、違反によっては、免許が取り消されるというのは本当でしょうか。

**回答** 飲酒運転による交通事故は依然として多発しており、ドライバーのモラルの低下が社会問題化しています。また、死傷者の発生する確率も高いため、取締りも強化されてます。飲酒運転については、道路交通法によって重く処罰されます。また、飲酒運転によって交通事故が生じた場合には、「自動車運転死傷行為処罰法」により厳しい罰則が定められています。

道路交通法において、飲酒運転は「酒酔い運転」と「酒気帯び運転」に区別されます。酒酔い運転とは、アルコールの影響で正常な運転ができないおそれがある状態で自動車を運転した場合をいいます。酒気帯び運転については、呼気1リットル中0.15mg以上のアルコール濃度を検出した場合を基準としています。これはビール中びん1本、日本酒1合程度を飲めば上回る数値と言われています。

つまり、体質的に酒に強い弱いにかかわらず酒を1杯飲んで運転すれば、事故を起こすおそれがなかったとしても、酒気帯び運転となるでしょう。酒気帯び運転をすると「3年以下の懲役または50万円以下の罰金」に処せられます。一方、酒酔い運転をすると「5年以下の懲役または100万円以下の罰金」に処せられます。なお、呼気検査を拒むと「3か月以下の懲役または50万円以下の罰金」に処せられます。

また、運転免許の違反点数は、呼気1リットル中のアルコール濃度検出量が0.15mg以上0.25mg未満の時は13点（免許停止または免許取消の基

準に該当）、0.25mg以上の時は25点（免許取消の基準に該当）です。さらに、呼気の中のアルコール濃度にかかわらず、酒を飲んで正常な運転ができないおそれがある状態で自動車の運転をした時（酒酔い運転）は35点（免許取消の基準に該当）です。つまり、酒気帯び運転や酒酔い運転をすると、一発で免許停止（免停）または免許取消となってしまいます。

また、飲酒運転者だけでなく、その周囲の人も道路交通法によって処罰の対象になることを認識しておかなければなりません。具体的には、運転手の運転行為が酒酔い運転に該当する場合に、運転手への酒類提供者や同乗者は「3年以下の懲役または50万円以下の罰金」に処せられ、車両提供者は「5年以下の懲役または100万円以下の罰金」に処せられます。同様に、運転手が酒気帯び運転に該当する場合、酒類提供者や同乗者は「2年以下の懲役または30万円以下の罰金」に処せられ、車両提供者は「3年以下の懲役または50万円以下の罰金」に処せられます。

特に気をつけなければならないのは、運転手が酒気を帯びていることを認識しながら、自己の運送を依頼して「同乗」した同乗者も処罰される点です。飲酒運転自体が許されない行為ですから、飲み会・宴席の後に車で送ってもらう場合には、運転手が酔ってないかどうかをしっかりと確認する必要があるといえます。

**飲酒運転と運転者・周辺者の道路交通法上の刑事責任**

車両提供者

運転者が酒酔い運転、酒気帯び運転のときは運転者と同様に処罰

酒酔い運転
➡ 5年以下の懲役または100万円以下の罰金

酒気帯び運転
➡ 3年以下の懲役または50万円以下の罰金

運転者が酒酔い運転
➡ 3年以下の懲役または50万円以下の罰金

運転者が酒気帯び運転
➡ 2年以下の懲役または30万円以下の罰金

運転者　同乗者

# 3 交通事故と行政上の責任について知っておこう

## 大半の違反が行政処分のみで対処される

### 刑事処分とは異なる行政処分

自動車を運転する人が一時停止違反やスピード違反などの交通違反で警察につかまり、違反キップを切られて反則金や免許停止、取消しなどの処分を受けることがありますが、このような処分のことを行政処分といいます。行政処分は、管轄の行政庁が社会秩序の維持を図ることを目的として、個人や企業等の行為に制限や制裁を加えるものであり、裁判を経て科される刑事処分とはまったく別の立場から行われます。

このため、交通事故等の場合、自動車運転過失致死傷罪などの罪で懲役・罰金等の刑事処分を受けるだけでなく、免許取消しなどの行政処分の両方を受けることもありますし、不起訴となって刑事処分は行われなかったのに、行政処分はそのまま行われるということもあります。

なお、一つの違反について二重に処分がなされることについて、違和感を持つ人もいるかもしれませんが、憲法39条で規定されている「二重処罰の禁止」は刑事処分に関するものであり、行政処分と併科することを否定するものではないというのが現在の判例の立場となっています。

### どんな行政処分が科されるのか

道路交通法の規定に違反した場合の主な行政処分としては、免許の取消し・停止があります。道路交通法では、一度免許を受けた者が次のような条件に該当する場合に、その者の住所地を管轄する公安委員会が免許の取消し・停止の処分を行うことができます（103条1項、2項）。

・幻覚の症状を伴う精神病や、発作により意識障害・運動障害をもたらす病気にかかっているとき
・認知症であることが判明したとき
・目が見えないなど自動車を安全に運転することができない障害が生じていることが判明したとき
・アルコール、麻薬、大麻、覚せい剤などの中毒者であることが判明したとき
・自動車等の運転で人を死傷させる、

第8章 事故を起こした場合の刑事・行政責任の取り方

229

故意に建造物を損壊する、危険運転致死傷罪にあたる行為をするなどの事実があったとき

この他の道路交通法上の行政処分としては、運転免許試験に合格した者が一定の条件に該当する場合に行う免許の拒否・保留の処分（90条1項、2項）などが挙げられます。

## 点数制度とはどんな制度なのか

点数制度により行政処分が行われることもあります。

点数制度では、酒酔い運転は35点、一般道で時速30km以上50km未満の速度超過をした場合は6点、駐停車禁止場所での駐停車違反は2点というように、交通違反時の基礎点数を定めています。交通事故の場合は、事故の状況などを考慮した付加点数が基礎点数に加算されます。

行政処分の内容は、過去3年間に免許停止処分を何回受けたか、免許取消歴があったかどうかなどの条件によって異なります。繰り返し免許停止などの処分を受けていれば、その分だけ低い合計点数で行政処分が行われます。たとえば、基礎点数が11点の違反をした場合、違反者が過去3年以内に免許停止処分を一度も受けていなければ60日間の免許停止処分となりますが、1回免許停止処分を受けていれば免許取消処分となり1年間は再度免許を受けることはできません。

点数制度を導入することにより、違反を繰り返して交通安全を阻害する悪質な運転者を把握し、運転を制限することができる他、運転者が違反行為を繰り返さないよう自覚を促すなどの効果があるとされています。

なお、道路交通法の改正により、平成25年12月からは無免許で自動車や原動機付自転車を運転した者に対する違反点数が従来の19点から25点に引き上げられています。

## 交通反則通告制度とは

交通反則通告制度は、無免許運転や酒酔い運転、交通事故などの重大な違反を除き、反則行為をした運転者に対して反則金の納付という形で行政処分をする制度です。一時不停止やシートベルトの装着義務違反、速度超過などの違反行為をし、警察官から告知書（いわゆる青キップ）を切られた経験のある運転者も多いと思います。その際、違反の内容や車両の種類などによって定められた反則金を通告されますが、支払いは任意とされています。

ただし、反則金を一定期間内に納付すれば刑事処分が免除されますが、反則金の納付をしなければ刑事事件として扱われます。つまり、青キップを切られたものの、その内容に納得がいかない場合には、反則金の納付を拒否し、裁判所に判断を委ねることができます。

本来は刑事処分とすべき交通違反行為の多くを行政処分で処理する背景には、違反行為があまりにも多く発生すること、刑事処分を科すことにで前科者を量産してしまうことなどが挙げられます。なお、徴収された反則金は信号機や標識の設置など、道路における安全施設の設置と管理などの費用に充てられます。

## 行政処分に不服があるときには

免許の取消し・停止などの行政処分に納得がいかない場合は、**行政不服審査法**に基づいて審査請求をすることができます。審査請求は、行政処分を知った日の翌日から起算して60日以内に行わなければなりません。なお、青キップは行政処分ではないため、審査請求で争うことはできません（刑事事件で争います）。

交通違反に関する行政処分の場合、審査請求をするのは都道府県の公安委員会に対してです。つまり、処分を決定した機関に対して審査請求をすることになるため、審査請求をしても思い通りの結果を得られないことが多いでしょう。そこで、公安委員会の審査請求を経ずに、直ちに行政処分の取消訴訟を提起することもできます。取消訴訟の提起は、原則として、行政処分を知った日から6か月以内かつ行政処分の日から1年以内に行わなければなりません。

また、道路交通法では、公安委員会が免許の取消しや90日以上の免許の停止などの処分を行う前に、公開による意見聴取を行わなければならないと定めています（104条）。意見聴取を行う場合、公安委員会の側から処分対象者に対し、期日や場所等が通知されます。意見聴取の場では、処分対象者や弁護人などの代理人が、意見を述べたり有利な証拠を提示するなどの対応を取ることができます。つまり、行政処分が行われる前に、それを阻止できる可能性があるわけです。もちろん意見聴取で十分な証拠を提示したとしても、そのまま行政処分が行われることもありますが、早い段階での解決が見込めることを考えると、その機会を活用するべきでしょう。

第8章　事故を起こした場合の刑事・行政責任の取り方

**相談60** 道路交通法違反で刑罰に科せられる場合

**Case** 自動車を運転中に心筋梗塞を発症し、とっさに自動車を停止することができず、信号機にぶつかり倒壊させてしまいました。このようなやむを得ない場合であっても、道路交通法違反として罰則が科されるのでしょうか。刑事責任を負わなくてもよい場合などはあるのでしょうか。

**回答** 道路交通法は、交通の安全などを図るためのルールを規定した法律です。道路交通法上の義務に違反した者は反則金の納付を命じられるのが一般的ですが（217ページ）、以下の違反行為を行った者には刑罰が科せられます（違反行為時に「赤キップ」が渡されることがあります）。

① 信号機や道路標識等を移転したり、損壊するなどして交通の危険を招いた場合（115条）

② 業務上の過失により他人の建造物を損壊した場合（116条）

③ 交通事故を起こして死傷者を出した場合に、その者を救護する義務を果たさなかった場合（117条）

④ 酒酔い運転だった場合、過労・薬物・病気などの影響で正常な運転ができない状態で運転した場合、酒に酔った状態の者に運転を命じたり容認した場合（117条の2）

⑤ 酒気帯び運転だった場合、運転者に対して酒類を提供したり飲酒をすすめる行為をし、その運転者が酒酔い運転をした場合など（117条の2の2）

⑥ 無免許運転をした場合（117条の4）

⑦ 一般道で時速30km以上、高速道で時速40km以上の最高速度規定違反をした場合、積載物重量制限違反をした場合など（118条）

なお、無免許運転を助長するような行為、たとえば自動車を提供する一定の行為や無免許者の運転する自動車に依頼や要求をして同乗した場合は「2年以下の懲役または30万円以下の罰金」が科せられます。

もっとも、次のような事情がある場合には、道路交通法違反およびそ

232

の他の刑事責任を負わないこともあります。

① 被害者の死傷と事故に因果関係がない場合

たとえば、自動車と自転車がぶつかった事故で、当日は特に問題がなかったものの、自転車の運転者が翌日に心臓発作で死亡したという場合は、事故と死亡に明確な因果関係があるとはいえず、過失運転致死傷罪にはあたらないとされる可能性が高くなります。

② 事故を起こした運転者が必要な注意義務を果たしていた場合

加害者が被害者の違法行為を予想せずに走行していて事故を起こしたとしても、加害者が必要な注意を怠らず、交通ルールを守って走行していた場合には、過失はないとみなされます。

③ 運転者に責任能力がなかったと認められる場合

心臓発作や脳出血などの病気等によって運転中に意識がなくなり、事故を起こした場合、心身喪失状態として刑事責任を問われません。本ケースの場合も、原則として刑事責任を負う必要はありません。ただし、意識がなくなる可能性があることを知りながら、運転前に飲酒や睡眠薬の摂取などをした場合や、持病によって心身喪失状態となる可能性があることを知りながら運転を行い、事故を起こした場合には、刑事責任を負うことになります。

### 無免許運転者と周辺者に対する主な道路交通法上の刑事責任

車両提供者

無免許運転をするおそれのある者への自動車（自動二輪を含む）や原付バイクの提供
➡ 3年以下の懲役 または 50万円以下の罰金

無免許運転
➡ 3年以下の懲役 または 50万円以下の罰金
免許証の不正取得
➡ 3年以下の懲役 または 50万円以下の罰金

運転者　同乗者

運転者の無免許を知りながら要求・依頼して同乗した場合
➡ 2年以下の懲役 または 30万円以下の罰金

※自動車の使用者等（安全運転管理者を含む）が、業務について、運転者の無免許運転を命令・容認すると、3年以下の懲役 または 50万円以下の罰金となる。

**相談61** 交通違反で懲役刑になる場合もあるのか

**Case** 私は、30年以上におよぶベテランドライバーですが、昨年、酒酔い運転などによって運転免許を取り消されました。交通事故自体は起こしたことはなく、運転には自信があります。それゆえ、今年に入ってから、無免許で自動車を運転していました。しかし、先日、交通検問に引っかかり検挙されました。検察官に送致されて、地方裁判所に起訴されています。事故ではないので罰金ぐらいで済むと思うのですがどうでしょうか。

**回答** 交通事故に至らない交通違反だけの場合は、罰金刑で済むことがほとんどです。交通違反は、他の強盗などの犯罪と違って反社会性が低く、誰もが犯してしまう可能性があります。また、日々大量に発生する交通違反のすべてを通常の裁判手続きで処理するのは不可能ですから、略式手続き（217ページ）による罰金刑で済ませているのです。

しかし、最近では、交通事故の予備軍ともいえる交通違反に対しても取締りが厳しくなってきています。つまり、悪質犯と呼ばれる、酒酔い運転や無免許運転は、交通事故を伴わなくても、繰り返された場合には罰金刑では軽すぎると考えられるようになりました。平成26年には自動車運転死傷行為処罰法が施行され、刑法に規定されていた「自動車運転過失致死傷罪」「危険運転致死傷罪」が同法に移されるなど、罰則はますます強化されている社会的背景があります。

そこで、検察官は、悪質な交通事犯に対して、基本的に罰金刑しか科せない簡易裁判所にではなく地方裁判所に起訴して、懲役刑を求刑することになります（無免許運転は3年以下の懲役または50万円以下の罰金です）。あなたの場合、たしかに、無免許運転の1回だけでしたら、罰金刑で済まされるかもしれません。しかし、以前に酒酔い運転も犯して免許を取り消されている事情がありますから、地方裁判所に起訴されて懲役刑を求刑される可能性が高いと思われます。

**相談62** 道路標識の見えない場所で交通違反をした

**Case** 仕事で初めての取引先を自動車で訪問しました。見知らぬ町の交差点を、右折したところ、前方から来るパトカーに止められました。聞くと、その道路は一方通行なので、道路交通法違反だというのです。しかし、路上には何の表示もなく、標識が交差点の付近に一本あるだけでした。しかも、その標識の前には大きな街路樹が生い茂っていて、その枝葉のために、交差点からはまったく見ることができない状態でした。これでも、違反なのでしょうか。

**回答** 法律の世界では、法律を知らないからといって、法律違反に対する責任は免れません。これを法律の格言で「法の不知は害する」といいます。世の中には多くの法律が存在しますが、その内容を知らなければ責任を免れる、というのでは法秩序が成り立たないからです。このことは道路交通法にも該当しますので、いかに初めての場所でも、一方通行は守らなくてはなりません。ですから、あなたも、道路交通法違反に対する責任を負わなければなりません。

ただ、これは原則であって、例外を許さないわけではありません。いかに法律であっても、不可能を強いるものではないのです。判例は、道路標識は「いかなる車両のいかなる通行を規制するのか容易に判別できる方法で設置すべき」なので、このように設置されていなければ交通規制がないとみなし、たとえ違反しても無罪であると判断しています。

本ケースでは、一方通行を知るための唯一の手がかりである標識が、交差点からはまったく見ることができない状態ですから、無罪となる可能性は高いといえます。この状況を警察官・検察官によく話すようにしましょう。

なお、軽微な交通違反の場合には、取締りをした警察官から反則金の納付（217ページ）を求められます。しかし、本ケースのように違反事実に不服がある場合には、原則として反則金を納めずに、起訴された刑事手続の中で、事実関係を争っていくことになります。

## 相談63 軽微な交通事故でも逮捕される場合があるのか

**Case** 私は仕事から乗用車で帰る途中、突然、路地からサッカーボールが転がってきて、子供の飛び出しを警戒するあまり、運転を誤り、路上の自動販売機に激突しました。警察官が駆けつけて来て、私に職務質問をしました。私は、正直に事実を話したのですが、道路のスリップ痕を見た警察官は「スピード違反だろう。正直に話さないと逮捕することになる」と言って、なかなか信じてくれません。本当に逮捕されるのでしょうか。

**回答** 近年、飲酒運転などによる悪質な交通事故が社会問題になっていることを受けて、交通違反に対する刑罰を重くする道路交通法などの法改正が行われていますので、現行犯逮捕の可能性も少なくありません。ただ、交通違反の捜査は、他の犯罪と同じように警察官職務執行法や刑事訴訟法に従って行われるため、原則として捜査は任意で行われるべきことになります。あなたの意思に反して取調べをしたり、警察署に強引に連行することはできないのです。これを任意捜査の原則といいます。

また、道路交通法違反の多くは刑罰も軽いので、住所や氏名が不明である場合や、逃亡のおそれがある場合などでなければ、交通違反を理由とする逮捕・勾留などの身柄拘束はめったにありません。

さらに、道路交通法違反の疑いがあっても黙秘権は保障されているので、万が一身柄を拘束されても、この点は変わりません。ただ、道路交通法は、交通事故を起こした者に報告義務を課しているので、警察官に対してありのままに事故の状況を報告すべきです。

あなたの場合、職務質問にも素直に応じていますから、強制捜査の対象となる可能性は低いといえます。ただ、職務質問を理由なく拒んだり、途中で逃げだしたりすると、犯罪の嫌疑をかけられて、身柄を拘束されることもありえます。警察官に誤解を受けないためにも、事実を根気強く話すのがよいでしょう。

## 相談64 あおり運転行為への対策

**Case** 自動車の運転中に、後続車が必要以上に接近してきたり、前や横に割り込んできて通行妨害を行うため、運転を誤ってガードレールに衝突し、自動車が破損するとともに大ケガをしました。損害賠償請求以外に、このようなあおり運転を行う人に対して、刑事上の責任が科されることはないのでしょうか。

**回答** 昨今、あおり運転をめぐる問題は深刻化しており、パーキングエリアでのもめごとが原因で、高速道路上であおり運転を続けた挙句、前を走っていた自動車を停止させ、口論している間に、別の後続車が衝突したことにより、前方車の運転者や同乗者が死亡するなどの深刻な事件が実際に発生しています。まず大前提として、あおり運転は単なる嫌がらせ行為ではなく、刑事法上の違法行為であるということです。具体的には、あおり運転は、道路交通法26条が定める適正な車間距離の保持義務に違反する行為であり、5万円以下の罰金が科されます。また、高速道路上で行ったあおり行為は危険性が高いため、3か月以上の懲役または5万円以下の罰金が科されます。

もっとも、前述のケースのように、あおり運転が原因で、被害者が死亡した場合、遺族としては加害者が3か月程度の懲役や罰金で済まされるというのでは、納得がいかないものと思われます。

あおり運転に関しては、自動車運転死傷行為処罰法上の危険運転致死罪が適用される余地があります（同法2条4号が定める人または車の通行を妨害する目的で人や自動車に接近し、重大な交通の危険を生じさせる行為に該当する余地があります）。もし適用されると、本ケースのように被害者が傷害を負った場合は15年以下の懲役が科され、被害者が死亡した場合は1年以上の有期懲役が科されます。危険運転行為と認められるには、加害者に「故意」が必要ですが、あおり運転は加害者の故意を認めることが比較的容易であって、多くのあおり運転行為について危険運転致死傷罪の責任を追及できます。

**相談65** 反則行為の内容と反則金の額に不服がある

**Case** トラックの運転手ですが、昨日、20キロの速度制限オーバーということで、交通反則告知書（青キップ）を渡されました。しかし、私の記憶では10キロ程度のオーバーしかしていなかったはずです。このまま反則金を払わなければなりませんか。それとも、不服を申し立てられるのでしょうか。

**回答** 交通反則通告制度は、道路交通法違反のうち比較的軽いものを「反則行為」とし、反則金を納付した場合には刑事事件として起訴しないとする制度です。大量に発生する交通違反を簡易・迅速に処理するための行政上の制度です。不服のない者にとっては簡単に手続が終わる一方で、不服のある者にはもちろん不服申立ての機会が与えられています。

まず、反則の「告知」を受けた翌日から起算して7日以内に反則金を「仮納付」すれば、行政上の手続で終わりです。この間に納付がなければ、反則金納付の「通告」を受けます。その翌日から起算して10日以内に反則金を「納付」すれば、ここで手続が終了しますが、納付しないと刑事手続に移ります。

ただ、あなたのように告知の内容に不服がある場合は、告知書記載の出頭日に出頭場所へ行き、不服を申し立てることができます。反則金は刑事手続にかけられないために支払う金銭ですので、いったん反則金を納付してしまうと、後になって交通違反の有無を争うことができなくなる点に注意が必要です。不服が認められないと通告書が正式に出されます。

通告後、反則金の納付がないと、検察官が道路交通法違反を理由に起訴します。ここで刑事訴訟となるわけですが、20キロオーバーを否認するためには、略式手続（217ページ）に同意せず、公判が開かれる通常の審理（正式裁判）を受けたい旨を伝えなければなりません。略式手続に同意すると100％有罪となる（罰金刑が言い渡される）からです。

## 相談66 反則金の納付だけではすまされない場合とは

**Case** 仕事関係の忘年会が終わって、家も大して遠くないので自家用車で帰宅しようとしました。しかし、ビールを２本ばかり飲んでいたせいもあって、スピードを出し過ぎて、隣の車と接触事故を起こしてしまいました。幸い、相手にケガはなく、車にキズがついただけでしたが、かけつけた警察官からは交通反則告知書を渡されませんでした。大した事故ではないのに、反則金の納付だけではすまないのでしょうか。

**回答** 交通反則通告制度は、日々大量に発生する交通違反のすべてについて刑事手続を行っていたのでは処理しきれないことから設けられた行政上の制度です。つまり、反則金を納付するという行政上の手続だけで処理するものです。反則金は反則者が任意に納付する行政上の制裁金であり、刑罰としての罰金とは異なります。ただ、交通反則通告制度は、刑事事件として扱うほどのものではない軽微な違反であることが前提となっています。交通反則通告制度の対象になるのは、一時停止違反や駐車違反など、比較的軽微な道路交通法違反行為です。逆に、行政上の簡易な手続だけで処理するには不適当な重大かつ悪質な違反に対しては、交通反則通告制度は適用されません。

つまり、酒気帯び運転をした者は、その運転行為があまりに危険を伴うものなので、交通反則通告制度は適用されません。つまり、交通犯則告知書（青キップ）が渡されません。また、無免許や無資格で運転をした場合も、違反が重大かつ悪質なので反則金だけでは済まされません。さらに、交通事故を起こしてしまった場合も、簡単に見過ごすわけにはいかないので、交通反則通告制度は適用されません。ここでいう「交通事故」には、人身事故だけでなく物損事故も含まれます。

これらの重大かつ悪質な交通違反に対しては、刑事訴訟の審理を経て刑罰が科されます。あなたの場合は、明らかにアルコールの残っている状態で運転を行い、しかも軽度とはいえ物損事故を起こしています。したがって、反則金の納付だけでは済まないと思われます。

## 【監修者紹介】
## 木島　康雄（きじま　やすお）

1964年生まれ。京都大学法学部卒業。専修大学大学院修了。予備試験を経て司法試験合格。弁護士（第二東京弁護士会）、作家。過去30冊以上の実用書の公刊、日本経済新聞全国版でのコラム連載と取材の他、多数の雑誌等での掲載歴あり。現在、旬刊雑誌「税と経営」にて、200回を超える連載を継続中。作家としては、ファンタジー小説「クラムの物語」（市田印刷出版）を公刊。平成25年、ラブコメディー「恋する好色選挙法」（日本文学館）で「いますぐしよう！作家宣言２」大賞受賞。弁護士実務としては、離婚、相続、遺言、交通事故、入国管理、債権回収、債務整理、刑事事件等、幅広く手がけている。

監修書に『行政法のしくみ』『パート・派遣・請負をめぐる法律知識』『マンションを「売るとき」「買うとき」の法律マニュアル』『交通事故の過失割合 ケース別288』『刑事訴訟法のしくみ』『民法【債権法】大改正』『民法【財産法】のしくみ』『債権回収のしくみがわかる事典』『刑法のしくみ』『契約書・印鑑・印紙税・領収書の法律知識』『告訴・告発・刑事トラブル解決マニュアル』（小社刊）がある。

木島法律事務所
〒134-0088　東京都江戸川区西葛西6丁目12番7号　ミル・メゾン301
TEL：03-6808-7738　FAX：03-6808-7783
Meil：a-kitaki@lapis.plala.or.jp

## すぐに役立つ
## 入門図解　最新
## 交通事故の法律とトラブル解決マニュアル

2018年7月30日　第1刷発行

| | |
|---|---|
| 監修者 | 木島康雄 |
| 発行者 | 前田俊秀 |
| 発行所 | 株式会社三修社 |
| | 〒150-0001　東京都渋谷区神宮前2-2-22 |
| | TEL　03-3405-4511　FAX　03-3405-4522 |
| | 振替　00190-9-72758 |
| | http://www.sanshusha.co.jp |
| | 編集担当　北村英治 |
| 印刷所 | 萩原印刷株式会社 |
| 製本所 | 牧製本印刷株式会社 |

©2018 Y. Kijima Printed in Japan
ISBN978-4-384-04790-5 C2032

**JCOPY** 〈出版者著作権管理機構　委託出版物〉

本書の無断複製は著作権法上での例外を除き禁じられています。複製される場合は、そのつど事前に、出版者著作権管理機構（電話 03-3513-6969　FAX 03-3513-6979
e-mail: info@jcopy.or.jp）の許諾を得てください。